体智融合特色项目
课程指导与案例示范

郝兴杰 著

中国传媒大学出版社
·北京·

图书在版编目（CIP）数据

体智融合特色项目课程指导与案例示范/郝兴杰著. -- 北京：中国传媒大学出版社, 2023.12
ISBN 978-7-5657-3523-3

Ⅰ.①体… Ⅱ.①郝… Ⅲ.①体育教育—教学研究
Ⅳ.① G807.01

中国国家版本馆 CIP 数据核字 (2024) 第 006669 号

体智融合特色项目课程指导与案例示范
TIZHI RONGHE TESE XIANGMU KECHENG ZHIDAO YU ANLI SHIFAN

著　　者	郝兴杰
责任编辑	王　硕
责任印制	李志鹏
封面设计	刘兴昌
特约策划	乐编乐读

出版发行	中国传媒大学出版社				
社　　址	北京市朝阳区定福庄东街 1 号		邮　　编	100024	
电　　话	86-10-65450532　65450528		传　　真	65779405	
网　　址	http://cucp.cuc.edu.cn				
经　　销	全国新华书店				
印　　刷	天津鑫恒彩印刷有限公司				
开　　本	880mm × 1230mm　1/32				
印　　张	4.5				
字　　数	100 千字				
版　　次	2024 年 9 月第 1 版				
印　　次	2024 年 9 月第 1 次印刷				
书　　号	ISBN 978-7-5657-3523-3/G · 807.01		定　　价	45.00 元	

本社法律顾问：北京嘉润律师事务所　　郭建平

PREFACE 序言

新中国成立以来,党和国家高度重视体育工作,关心儿童、青少年的身心健康全面发展,树立"健康第一"的教育理念,深化具有中国特色体教融合的发展模式,推动青少年文化学习和体育锻炼的协调发展,更好地帮助学生在体育锻炼中"享受乐趣、增强体质、健全人格、锻炼意志",培养德智体美劳全面发展的社会主义建设者和接班人。21世纪是世界教育快速发展、教育理念急剧变革的时代,儿童、青少年的成长环境发生变化,对于儿童、青少年的培育面临着新的挑战。

基于此,为了促进儿童、青少年的健康成长、全面发展,加强教育和体育工作的融合,我国出台了一系列举措,提出深化体育教学改革,强化"教会、勤练、常赛",构建科学、有效的体育与健康课程教学新模式,帮助儿童、青少年掌握1—2项运动技能,促进儿童、青少年运动能力、健康行为、体育品德等核心素养的形成。

随着数字时代的来临,我国基础教育发生了深刻变革,将发展儿童、青少年核心素养作为基础教育的育人导向,推动了体教融合概念的提出,使得体育与健康教育能够更好地服务于儿童、青少年核心素养的发展。

体教融合是指加强儿童、青少年的体育锻炼,提高育人质量,促进体育事业健康发展,教育质量稳定提升。实施"体教融合",

走"一体化"发展之路,同时通过智力活动改善身体健康。体教融合旨在推动体育和教育在价值、功能和目的上的充分融合,共同作用于青少年的发展,是一种新型的教育理念。体智融合是在深化体教融合的背景下,实现儿童、青少年身心健康全面发展的探索方式。体智融合是指将体育与智育融合在一起,通过锻炼儿童、青少年的身体和开发其智力,达到提高他们的综合素质和学习效果的目的。

体教融合是我国基础教育深化改革中实施的重要理念,体智融合更注重体育和智力教育的互补性,促使两者的深度融合。在我国建设教育强国、体育强国、健康中国时期,体智融合是深化体育教学改革的重要举措,但这两个阶段并不是截然分开的,而是相互促进、相互衔接的。

关于我国体智发展的历史,体智结合的发展历程可以追溯到古代。孔子就强调了体育和智育的相互关系,提出了"文武兼备""博雅致用"的思想,强调身体与精神的平衡发展。近代以来,中国面临着民族危机和社会变革的挑战,救亡图存成为时代主题,民族复兴成为中国人民的强烈愿望。在这种背景下,中国开始探索现代化道路,其中比较具有特色的实施路径便是体育与智育的结合。

20世纪初,中国开始引进西方体育文化,同时也强调了体育与智育的结合。例如,著名教育家陶行知提出了"健康第一"的思想,强调身体健康与智力发展的关系。同时,一些学校也开始实行"德智体"三育并重的教育理念,将体育与智育相结合,培养全面发展的人才。

中华人民共和国成立后,中国政府开始全面推进素质教育。1999年,中共中央、国务院《关于深化教育改革 全面推进素质教育的决定》提出要"树立健康第一"的指导思想,同时强调要"促进学生生动、活泼、主动地发展",进一步推动了体智融合的发展。

近年来,随着中国经济的快速发展和教育水平的提高,人们对于身心健康和全面发展的需求也越来越高。因此,体智融合的理念得到了进一步的推广和实施。例如,一些学校开始实施"体育走班制",即通过开设体育课程和举办体育活动来促进学生的身心健康和智力发展。此外,一些社会组织和机构也开始推广体智结合的理念,通过举办各种活动来促进人们的身心健康和智力发展。

在中国教育发展的历史上,除了对身心健康的重视,在学校领域逐步推动体育促进智力的发展,然而,体智融合的教育理念强调在体育教学中融入智力元素,以促进学生全面发展。

体智融合课程是指,将身体活动与智力运动进行整合性学、练的一种新型体育课程[1],旨在通过学习技能提升认知能力和身体运动能力,应对身体活动水平持续降低造成的肥胖及相关健康风险。本课程涉及棋类课程和球类课程,所选择的项目是中国象棋课程和篮球课程的融合。在棋类课程中,学生可以学习各种棋类的基本规则和战略战术。例如,中国象棋可以帮助学生提高逻辑思维能力和策略规划能力,可以锻炼学生的空间认知能力和决策能力。通过棋类课程,学生不仅可以在智力上得到锻炼,还可以培养耐心和专注力,提高学生的非智力因素。在篮球课程中,学生可以学习篮球的基本技巧和战术,

---

[1] 马晓,梁坤,胡小清等.体智融合课程:基本原理、域外经验与本土启示[J].上海体育学院学报,2022,46(05):56-67.DOI:10.16099/j.sus.2021.05.04.0001.

如投篮、传球、运球等。通过篮球训练，学生可以提高身体素质和运动能力，同时还可以培养团队合作能力和沟通能力。此外，篮球比赛还可以锻炼学生的竞争意识和应对挑战的能力。在体智融合课程中，棋类课程和篮球课程还可以结合起来，例如在篮球比赛中引入棋类策略，或者在棋类比赛中运用相应的篮球战术攻防策略，这样可以更全面地锻炼学生的身体素质和智力能力，提高他们的综合素质。通过活泼的课堂组织形式和多通道并举的学习方法，进一步调动学生的学习兴趣，从而提升教学效率。

体智融合课程的综合育人目标，不仅关注学生的体育技能和智力发展，同时也注重学生的情感、社会性和其他非智力因素的培养。这种全面的教育目标旨在促进学生的全面发展，使他们成为未来社会的必备人才。

首先，体智融合课程关注学生的体育技能和智力发展。体育技能方面，课程会教授学生基本的运动技能，如跑步、跳跃、投掷、游泳，以及各种运动项目的技巧和战术。通过不断的练习和比赛，学生可以提高自己的运动水平，增强身体素质，培养自信心和自律性。智力发展方面，体智融合课程会通过各种游戏、谜题、挑战任务等，激发学生的思维活跃性，培养他们的观察力、记忆力、逻辑推理能力和创新能力。这些智力技能对于学生的学业成绩和未来的职业生涯都非常重要。

其次，体智融合课程还注重学生的情感和社会性培养。情感方面，课程会关注学生的情感状态和情感表达，通过分享和交流，引导学生学会如何表达自己的情感需要，同时培养他们的同情心和共情力。社会性方面，课程会教授学生社会交往的技能和规则，如团队合作、沟通协商、领导力等。通过组织各种团队活动和配合演练比赛，学生可以学会如何与他人合作、如何解决冲突、如何建立良好的人际关系，从而更好地适应社会生活。

最后，体智融合课程还注重其他非智力因素的培养。这些因素包括学生的意志力、自律性、目标设定能力、自我激励能力等。通过设置具有挑战性的任务和目标，可以培养学生的意志力和自律性，帮助他们学会如何坚持信念和克服困难。同时，课程还会教授学生如何设定明确的目标并制定实现这些目标的计划，培养他们的目标设定能力和自我激励能力。

综上所述，这种全面的教育理念可以帮助学生获得更全面的知识和技能，提高他们的综合素质和适应未来社会的能力。同时，综合性教育目标还可以培养学生的团队合作精神、社会责任感和终身学习观念等优秀品质，为他们未来的学习和职业生涯奠定坚实的基础。

体智融合课程注重学科融合，改变单一知识或技术的教与学的现状，实现跨项目融合，连贯结构化内容，从培养核心素养、综合育人的角度，促进学生提升身体能力、运动技能和智力发展，主要体现在以下方面。

创设运动场景：体智融合课程注重创设真实的运动场景，让学生在真实篮球场景和特殊棋盘演示中，学习和掌握运动技能，演练与推理技战术策略，提升认知能力、锤炼意志品质，同时培养团队合作能力和沟通能力。

注重实践操作：体智融合课程强调学生的实践操作能力，通过组织各种体育活动和智力游戏,让学生在实践中学习和掌握运动技能和智力发展。这种实践操作的方式可以激发学生的学习兴趣和动力,培养他们的创新思维和实践能力。

引导探索创新:体智融合课程注重引导学生探索和创新,通过设置问题和挑战,激发学生的思维活跃性,培养他们的观察力、记忆力和创新能力。同时,课程还会教授学生如何解决问题和面对挑战,培养他们的独立思考能力和解决问题的能力。

跨学科学习:体智融合课程将体育和智力教育相结合,学生可以从中学习到跨学科的知识和技能。例如,在体育活动中,学生可以学习到健康知识、运动技能以及团队合作能力等。通过跨学科的学习,学生可以获得更广泛的知识和技能,提高他们的综合素养。

多样化的教学方式:体智融合课程采用多样化的教学方式,如示范教学、视频教学、游戏教学等,以满足不同学生的学习需求。同时,课程还会根据学生的不同体质、身体素质和运动能力制定针对性的教学计划、教学目标以及教学方法。

培养自律性和意志力:体智融合课程注重培养学生的自律性和意志力。自律性是指个体在没有外部监督的情况下,能够按照自己设定的标准、原则或计划来行动的能力。意志力是指个体在面对困难、挑战或诱惑时,能够保持决心并持续努力以实现目标的能力。培养自律性和意志力是一个长期的过程,需要持续的努力和实践。通过设定明确的目标、制定计划、养成良好习惯、面对挑战和保持健康的生活方式,从而更好地实现个人目标和愿望。

总之,体智融合课程通过创设运动情境、注重实践操作、引导探索创新、跨学科学习、多样化的教学方式以及培养自律性和意志力等方式教授学生运动技能和智力发展，提高身体素质，提升认知能力、思维能力和创新能力。这些方法有助于激发学生的学习兴趣和动力，培养他们的创新思维和实践能力，提高他们的综合素养和适应未来社会的能力。

体智融合课程是一种具有潜力和价值的课程模式，是体育学科体力项目和智力项目跨项目融合的一种实践探索，能够更好地培养学生的体育与健康素养，为学生的全面发展提供支持和帮助。

CONTENTS 目录

第一章　课程的特点 —————————— 001

第二章　体智融合课程的教育价值 ———— 003

第三章　体智融合课程的特点 —————— 005

第四章　课程实施策略 ————————— 007

第五章　课程教学策略 ————————— 011

第六章　课程评估与反馈 —————— 018

第七章　北京市少年宫的探索经验 ——— 026

第八章　相关课题研究 —————— 099

第九章　体智融合课程探索教育案例——— 117

参考文献 —————————— 127

第一章 课程的特点

在体智融合课程中,棋类课程与篮球课程之间存在一些相互交织的融合点,这些融合点可以通过转化来更好地实现两者的结合。优势是将棋类课程中的策略思维应用到篮球课程中,引导学生在比赛中学会分析形势、制定战术,并快速做出决策。同时,通过篮球比赛实践来检验和完善学生的策略思维。它们可以共同促进学生的身体和智力发展,但同时也具有各自的特点和优势。

一、共同点

(一)身体和智力的双重锻炼

无论是棋类课程还是篮球课程,它们都同时锻炼了学生的身体和智力。在棋类课程中,学生需要运用逻辑思维和策略规划能力来下棋;在篮球课程中,学生需要掌握运动技巧和战术策略来打比赛。因此,这两类课程都可以促进学生的身体和智力发展。

(二)培养非智力因素

棋类课程和篮球课程都可以培养学生的非智力因素,如意志力、自律性、团队合作能力等。在下棋时,学生需要保持专注和耐心,提高自己的意志力和自律性;在打篮球时,学生需要与队友共同合作,一起按照教练的指挥实施攻防策略,展示个人技术,输赢荣辱与共,在此过程中培养团队的合作精神和沟通能力。这些非智力因素对学生的未来学习和职业生涯都非常重要。

二、不同点

（一）锻炼方式

棋类课程主要通过思维训练来锻炼学生的智力和非智力因素，而篮球课程则主要通过锻炼身体来提高学生的身体素质和运动能力。因此，这两类课程的锻炼方式是不同的。

（二）技能要求

棋类课程需要学生具备一定的逻辑和策略规划能力，以及对棋路的推理能力，而篮球课程则需要学生掌握一定的运动技巧、战术策略和团队合作意识。因此，这两类课程的知识、技能和形式要求也是不同的，一静一动，技能之间相互补充，能量供给相互转化。

第二章 体智融合课程的教育价值

一、综合教育

棋类课程和篮球课程都是培养学生思维能力和团队协作能力的课程，将棋类课程和篮球课程融合后，可以提供更全面的教育体验。学生不仅可以在智力上得到锻炼，还可以通过体育锻炼来提高身体素质和运动能力。这种综合教育可以促进学生的全面发展，培养学生的运动能力、反应力、策略思维、判断力、决策能力和团队合作能力。

二、互相促进

棋类课程和篮球课程可以互相促进，共同提高学生的身体和智力能力。例如，在下棋时，学生可以运用在篮球课程中学到的运动技巧来放松自己，提高专注力；在打篮球时，学生可以运用在棋类课程中学到的策略规划能力和预判能力来制定战术，实施运动技能，并取得胜利。

三、培养多元化能力

融合后的棋类和篮球课程可以培养学生的多元化能力。学生不仅可以通过下棋来提高逻辑思维和策略规划能力，还可以通过打篮球来培养团队合作精神和沟通能力。这种多元化能力的培养可以帮助学生更好地适应未来社会的发展需求。

  体智融合课程中的棋类和篮球课程具有各自的特点和优势，它们可以互相补充、互相促进，共同提高学生的身体能力、智力能力以及非智力因素的培养。通过融合后的教育课程体验，学生可以获得更全面的知识和技能，提高自己的综合素质，更好地应对各种挑战和变化。

第三章 体智融合课程的特点

一、综合性

体智融合课程将体育与智育相结合,旨在实现身心健康和全面发展的目标。通过下棋,学生可以学习如何分析局面、预测对手的动向和制定最优的行动计划。而通过打篮球,学生则可以学习如何在团队中发挥自己的作用,与队友协作一致,共同努力实现预设目标。这种综合性学习方式可以帮助学生掌握更多的知识和技能,提高他们的综合素质。

二、互动性

体智融合课程注重学生之间的互动和合作,通过团队合作和竞赛等方式,让学生在享受运动和智力挑战的同时,培养团队合作和社交能力。

三、个性化

体智融合课程可以根据学生的兴趣、能力和特点进行不同程度的差异化教学,实现个性化学习,不仅关注学生的身体健康,更重视其智力和社会情感的发展[①]，帮助学生发现和发展自己的潜力和特长，培养自信心和自尊心。

四、游戏化

体智融合课程采用游戏化的教学方式，通过有趣的体育游戏（篮球、象棋）和挑战，激发学生的学习兴趣和积极性，让学生在游戏中锻炼思维、提高技能，提升他们的主动参与和探索能力。

五、科技支持

体智融合课程可以利用人工智能软件、象棋应用程序、运动手环等科技手段，进行实时互动和反馈，提高教学效果和学生的学习体验。

总的来说，体智融合课程是一种注重学生全面发展、注重个体差异、注重实践教学的新型课程模式，对于提高学生的综合素质和促进身心健康具有重要意义。这种课程具有综合性和互动性等特点，可以利用科技手段提高教学效果、学习体验和技能评价。

[①] 谭杨林.如何在中学音乐教学中开展音乐审美教育[J].名家名作，2018(7):1.DOI:CNKI:SUN:MJMZ.0.2018-07-023.

第四章 课程实施策略

一、课程内容和目标

体智融合课程的内容和目标是根据学生的年龄、性别、兴趣、健康状况和技能水平等因素来制定的。例如,一些课程可能包括运动技能、知识、心理健康等方面的内容,让学生在享受运动和智力挑战的同时,培养决策能力、思维能力和团队协作能力。

二、教学模式

体智融合课程可以采用多种教学模式,包括课堂授课、小组讨论、实践操作等。教师可以根据教学内容和目标,选择合适的教学模式来促进学生的学习效果。

三、评估和反馈

体智融合课程的评估和反馈是整个课程中重要的组成部分,能够了解学生的学习情况和课程质量。教师可以根据学生的学习进度进行科学的评价和反馈,测评学生的策略思维、判断力、决策能力、身体协调性、反应速度和团队合作能力等方面的能力,以更好地了解学生的学习状况[①],对课程内容和教学方法进行调整和改进。同时,学生通过评估和反馈也能够进一步了解自己的学习进展和不足之处[②]。

四、师资培训

体智融合课程需要教师具备相关的专业知识和技能。教师需要了解学生的需求和特点,掌握相关的教学方法和策略,以便更好地指导和帮助学生。在这一前提下,篮球课程和棋类课程的教师培训显得尤为重要。通过专业培训,教师可以深入了解体智融合教学理念,掌握相关教学方法和技巧,更好地引导学生参与体育活动,提升他们的身体素质和智力水平。

五、资源保障

体智融合课程需要一定的资源保障,包括场地、器材、教材、师资等方面的投入。政府、学校和社会应该加大对体智融合课程的投入和支持,为学生提供更好的学习条件和机会。

体智融合课程的资源保障,包括师资力量、场地设施、课程设置、社会资源和政策支持五个方面。这些资源共同构成了体智融合课程顺利实施和有效发展的基础。其中,专业的教师团队是课程设计和

[①] 周雪梅,刘金宝.健康中国背景下高校运动康复专业建设的实施路径[J].文体用品与科技,2023,(15):166-168.
[②] 李梦圆.北京四中体教融合促进学生文化学习与体育锻炼协调发展路径的研究[D].首都体育学院,2021.DOI:10.27340/d.cnki.gstxy.2021.000095.

实施的核心，充足的场地和设施是课程活动的物质保障，精心设计的课程设置是满足学生需求的关键，社会资源的利用可以丰富课程内容和形式，而政府的政策支持则是推动课程发展的重要动力。这些资源相互关联、相互支撑，共同促进体智融合课程的全面发展和提升学生的综合素质。

六、课程其他信息

除了上述提到的体智融合课程的信息，以下是一些其他的体智融合课程信息。

（一）体智融合课程包括多种体育活动和智力活动，例如运动技能、健身操、瑜伽、棋类游戏、智力拼图等。这些活动可以提高学生的身体素质、智力水平和心理健康。

（二）体智融合课程可以采用不同的教学策略，主要包括明确教学目标、整合教学内容、创新教学方法、注重个体差异、强化实践教学以及融合评价反馈六个方面。这些策略共同构成了体智融合课程有效实施和促进学生全面发展的关键。通过明确教学目标，确保教学活动的针对性和有效性；通过整合教学内容，实现体育与其他学科的有机融合；通过创新教学方法，激发学生的学习兴趣和积极性；通过注重个体差异，满足不同学生的发展需求；通过强化实践教学，提高学生的运动技能和团队协作能力；通过融合评价反馈，及时了解学生的学习情况和进步程度，并给予有效指导。这些教学策略相互补充、相互促进，共同推动体智融合课程的高效实施，促进学生的全面发展[1]。

（三）体智融合课程可以培养学生的多种能力，例如身体协调能力、认知能力等。通过体智融合课程的学习，学生不仅可以提升身体素质和运动技能，还能锻炼思维能力、策略规划和团队协作能力，可以帮助学生更好地掌握知识和技能，促进学生的全面发展。

（四）体智融合课程可以提高学生的兴趣和参与度，例如利用游戏化教学、情景模拟等手段，让学生在愉悦的氛围中学习知识和技能。

（五）体智融合课程可以促进学生社交能力的发展，例如通过小组合作、个人对弈、团队竞赛等形式，让学生在互动中学习合作、沟通、竞争等社交技能。

体智融合课程的主要目标是提高学生的身体素质、智力水平和综合素质。通过体育活动，培养学生的团队合作能力、创新能力和解决问题的能力，同时促进学生的身心健康和全面发展。体智融合课程不仅是一种教育模式的创新，更是对传统教育观念的重要补充。它通过身体与智力的有机结合，为学生提供了一个更加全面、均衡和有趣的学习环境，有助于培养身心健康、全面发展的人才。

---

[1] 曲鲁平,孙伟,杨凤英等.体教融合视域下体育传统特色学校协同联动组织机制的构建[J].武汉体育学院学报,2021,55(10):63-69+85.DOI:10.15930/j.cnki.wtxb.2021.10.009.

第五章 课程教学策略

体智融合课程的教学策略和方法可以根据不同的教学内容和目标进行选择和调整。学生通过亲身体验和实践,掌握知识和技能。教师可以通过示范教学、讲解教学等方法,引导学生体验不同的体育活动和棋类活动,提高他们的学习兴趣和参与度。以下是一些常见的体智融合课程的教学策略和方法。

一、示范教学

通过教师的示范,让学生学习正确的动作和技能。这种方法适用于教授运动技能和健身操等。

二、讲解教学

通过教师的讲解,让学生了解动作和技能的要领与注意事项。

三、情景模拟

让学生在模拟的真实情境中学习和应用知识。这种方法适用于教授理论知识、规则和策略等,可以帮助学生更好地理解知识,提高他们的学习兴趣和参与度。

四、合作学习

合作学习是一种以小组为单位的学习方式，学生通过合作完成任务或解决问题。通过学生之间的合作和互助，共同完成学习任务和目标。这种方法可以培养学生的团队合作能力和沟通能力。通过学生的自主探究和实践，发现问题、解决问题并获得知识和技能。这种方法可以培养学生的创新思维和实践能力。在体智融合课程中，合作学习可以帮助学生互相学习、互相帮助，提高他们的团队合作能力和社交能力。

五、游戏化教学

游戏化教学是一种以游戏为主要手段的教学方式，学生通过玩游戏来学习知识和技能。通过游戏化的教学策略和手段，激发学生的学习兴趣和积极性[①]，提高他们的学习效果和参与度。

六、探究学习

探究学习是一种以学生为中心的学习方式，学生通过探究问题或现象，获取知识和技能。这种方法可以适用于各种体育活动和智力活动。在体智融合课程中，探究学习可以帮助学生主动思考、主动探索，提高他们的自主学习能力和创新能力。

---

① 朱丽红,刘唱.体教融合背景下体能训练促进青少年体质健康的路径研究[C] 中国体育科学学会体能训练分会.第二届中国青少年体能高峰论坛墙报交流论文集.东北石油大学体育部;2022:2.DOI:10.26914/c.cnkihy.2022.03245.

七、理论与实践相结合

在教授棋类规则和基本技巧的同时，引导学生理解棋类游戏背后的策略和智慧。通过案例分析、棋局讨论等方式，提高学生的战术意识和思维能力。

八、个性化教学

针对学生不同的水平和学习需求，采用分层教学策略，提供个性化的辅导和指导[①]。通过布置不同难度的棋局作业，激发学生的学习兴趣和挑战精神。

九、对弈实战

鼓励学生进行大量的对弈实战，培养他们的实战能力和心理素质[②]。教师可以组织定期的棋类比赛或挑战赛，让学生在竞技中得到锻炼成长。

十、多媒体资源利用

通过多媒体资源的辅助，提高教学效果和学生的学习体验。在体

---

① 武文龙.体教融合背景下高等体育院校的现实困境与发展策略研究[J].浙江体育科学,2021,43(06):76-79.
② 沈友青,夏力,尹开宁等.高校深化体教融合的探索与实践——以湖北第二师范学院为例[J].湖北第二师范学院学报,2021,38(05):79-85.

智融合课程中，游戏化教学可以激发学生的学习兴趣和参与度，提高他们的学习效果[①]。例如，利用视频、动画等多媒体资源来演示动作和技能，或者利用音乐来调节学生的情绪和氛围。

总之，体智融合课程的教学策略和方法是多种多样的，教师可以根据教学内容和目标，选择合适的教学策略和方法来促进学生的学习和发展。同时，教师还需要根据学生的特点和需求，灵活运用不同的教学策略和方法，以达到最佳的教学效果。

十一、未来可探索的课程资源

（一）武术

通过学习武术，学生可以学习武术技巧和防身技能，也可以锻炼身体的柔韧性、力量和耐力，同时还可以提高认知水平，例如想象能力、视觉空间和判断力等。

（二）游泳

游泳是一门身心健康相结合的综合性课程。通过学习游泳，学生可以锻炼身体协调性、柔韧性和心肺功能，同时还可以提高智力水平，例如解决问题的能力、决策能力和沟通能力等。

---

① 刘沛.对北京市青少年体育俱乐部现状分析与发展模式的研究[J].首都体育学院学报.2009,(5).

(三) 滑冰

滑冰是一种融合了上下肢协调配合提高平衡力的运动技能。通过学习滑冰，学生可以锻炼身体协调性、平衡感和心肺功能，同时也可以提高智力水平，例如反应能力、观察力和判断力等。

(四) 击剑

击剑是一项历史悠久、技艺精湛、富有挑战性的体育运动项目，旨在教授学生击剑技巧和战术策略。通过学习击剑，学生可以锻炼身体柔韧性、力量和反应能力，而且还可以学习剑术技巧和战术意识，提升身体素质和心理素质。

(五) 乒乓球

乒乓球是我国的国球。乒乓球课程是一门提高学生身体素质、培养终身体育观念的体育课程。通过乒乓球课程的学习，学生将掌握乒乓球的基本技术和相关理论，提高灵敏性、协调性、动作速度和上下肢活动能力，改善心肺功能，全面提高身体素质，树立终身体育的观念。

(六) 创意舞蹈

创意舞蹈是一种新兴的舞蹈教育模式，它突破了传统舞蹈的框架，融入了不同的元素和表达方式。通过学习创意舞蹈，学生可以锻炼身体协调性、灵活性和表现力，同时还可以提高智力水平，例如创造力、编排能力和审美能力等。

(七)平衡感练习

平衡感练习是一门旨在提高身体平衡能力的训练课程。由于学习压力较大,存在长期久坐、缺乏运动等现象,学生的身体平衡能力逐渐下降,既影响了身体的稳定性,还增加了跌倒等意外风险。因此,平衡感练习课程可以有效地提高身体的协调性、稳定性和平衡感,保持身体健康。平衡感练习课程通常包括多种训练内容,如站立平衡、动态平衡、柔韧性等多种练习。

(八)瑜伽冥想

瑜伽冥想是一门融合了瑜伽和沉思的综合性课程。通过进行瑜伽冥想,学生可以锻炼身体柔韧性、平衡感和心肺功能,同时也可以提高认知水平,例如注意力、记忆力和思考能力等。

(九)柔韧性训练

柔韧性训练是一种身体拉伸的训练课程,通过进行柔韧性训练,学生可以锻炼身体的柔韧性和关节的灵活性,同时也可以提高自我保护能力。

(十)足球

足球是世界第一大运动,是一种针对足球技能和知识进行的系统性训练和教育活动。通过专业的教学和训练,提高学生的足球技能、战术理解和身体素质，培养学生的团队协作、竞争意识和心理素质，以及传授足球文化和价值观。足球课程不仅可以提高学生的身体素质，还可以培养学生的团队合作能力、竞争意识和心理素质。

总之，体育运动课程的体智融合特点体现在身体活动与智力发展的有机结合、多元化的教学内容、强调实践与创新、培养综合素质以及个性化的教学方法等方面。这种融合不仅提高了体育运动的趣味性，也增加了其教育价值，共同构成了体智融合课程的独特魅力，使其在体育教育中发挥着越来越重要的作用。

第六章 课程评估与反馈

一、体育评估的意义

体育评估的意义在于促进学生的全面发展,提高体育教学质量,推进学校体育管理工作的科学化和规范化,以及强化学生的自我评价能力。

体育评估在体育活动中具有重要的作用。通过评估学生的体能水平,帮助学校和教师了解学生身体素质和运动能力的发展情况,制定体育教学计划,从而为学生提供有针对性的指导和建议,促进学生的身心健康成长。体育评估不仅可以帮助教师制定适合学生的运动计划和训练目标,还可以为学生提供反馈和激励,强化学生评价的理念,提高学生自我评价的能力,使评价更尊重个体发展的差异性和独特性,帮助他们提高自己的成绩。

具体来说,体育评估的重要性包括以下几个方面。

1.了解学生情况:通过对比学生的体育评估结果,学生可以了解自己的体能水平和运动技能水平,从而更好地指导学生进行适合他们身体条件的体育活动,避免运动伤害的发生。

2.制定训练计划:根据学生的评估结果,教师可以制定适合学生的训练计划和目标,帮助学生逐步提高自己的运动能力和表现。

3. 反馈和激励：通过评估，教师可以为学生提供反馈和建议，帮助他们了解自己的优势和不足之处，从而激励学生更加努力地训练和提高自己的成绩。

4. 调整教学方法：根据学生的评估结果，教师可以了解自己的教学方法和手段是否有效，以及是否需要进行调整和改进，以便更好地满足学生的学习需求和提高教学效果[1]。

5. 促进体育教育的发展：通过对比学生的体育评估结果，帮助教师更好地了解学生的个体差异和特长，教师可以发现学生的潜力和特长，从而为学生提供更好的指导和支持，促进他们在体育领域的发展和成就。

二、体育评估的方法

体育评估的方法多种多样，可以根据具体的评估目的和评估对象的特点选择合适的方法进行评估，主要包括观察法、测试法和问卷调查法。

（一）观察法

观察法是一种直接评估学生体育技能和表现的方法。教师通过观察学生的动作、技巧和战术应用等，可以了解学生的实际水平，从而为学生提供有针对性的反馈和建议。观察法可以与示范法结合使用，教师通过示范正确的动作和技巧，让学生模仿并反复练习，以达到更

---

[1] 邓子民,王舜.我国体教融合政策协同度量化分析——基于1993—2022年出台的34份体教融合政策文本[J].成都师范学院学报,2023,39(02):51-57.

好的效果。

(二)测试法

测试法是一种常用的体育评估方法,可以评估学生的体能、技能和运动能力等方面的情况。教师可以通过制定统一的测试标准和规则,确保测试的公平性和准确性。例如,教师可以测试学生的耐力、速度、力量、柔韧性等,以了解学生的身体素质和运动能力。测试法可以为学生提供具体的反馈和指导,帮助他们了解自己的优势和不足之处。

(三)问卷调查法

问卷调查法是一种间接评估学生体育态度和行为的方法。教师可以通过设计问卷,了解学生对体育活动的态度、兴趣、习惯和动机等方面的情况。问卷调查可以包括封闭式问卷和开放式问卷两种形式,封闭式问卷可以提供选择题供学生选择,开放式问卷可以让学生自由表达自己的想法和感受。通过问卷调查,教师可以了解学生的需求和期望,从而更好地调整教学内容和方法。

三、评估指标的选择

教师根据不同的评估目的和标准,选择相应的评估指标,例如体能指标、技能指标、参与度指标等。同时,针对不同的评估指标,提供相应的评估方法和工具。

对于篮球课程和棋类课程的评估目的、标准以及指标,可以分别从以下两个方面进行介绍。

（一）篮球

评估目的：通过对篮球课程的学习，评估学生对篮球运动的理解和掌握程度，包括基本技战术、理论知识以及体能等方面。

评估标准：学生的出勤率、课堂表现、技能掌握情况、理论知识水平、参与比赛的表现等。

评估指标：学生的技能测试成绩，例如投篮、运球、传球等；理论知识的考试成绩；比赛中的得分、篮板、助攻等数据；出勤率和课堂表现等。

（二）棋类

评估目的：通过对棋类课程的学习，评估学生对棋类的理解、策略制定以及比赛表现等能力。

评估标准：出勤率、课堂表现、策略水平、比赛成绩等。

评估指标：学生在课堂中的表现，例如思考问题的能力、策略制定的水平等；参加比赛的成绩，包括胜负场次、比赛用时等；出勤率和课堂表现等。

对于篮球和棋类的融合课程评价，可以采用以下几种方式进行。

1.综合评价机制：在体现素质教育目标的前提下，以课程价值和基本目标的实现为评价的出发点，建立综合评价机制。评价应包括学生、教师和课程管理三个层次，可采用自评、互评和他评等多种形式。评价指标不仅要涵盖不同教学领域，更应关注学生对篮球/棋类的兴趣、爱好、情感反应、参与态度和程度[①]，以及教师引导学生主

---

① 王恒一.洛阳市中考体育考试对初中体育教学的影响研究[D].哈尔滨体育学院,2022.DOI:10.27771/d.cnki.ghebt.2022.000084.

动参与、探究发现、交流合作的能力和意识等。

2.过程性评价与终结性评价相结合：过程性评价可以反映学生的学习进步和成长变化，而终结性评价则是对整个学习过程的总体评估。在篮球课程中，可以通过观察学生的比赛表现、技能测试成绩等进行评价；在棋类课程中，可以通过观察学生的思考能力、策略水平等进行评价。同时，也要考虑学生的出勤率和课堂表现等。

3.定性评价与定量评价相结合：定性评价可以反映学生的综合素质和发展潜力，而定量评价则可以更准确地衡量学生的学习成果和进步。在篮球课程中，可以通过统计学生的得分、篮板等数据进行评价；在棋类课程中，可以通过计算学生的胜负场次等进行评价。同时，也要结合学生的课堂表现和个人素质等方面的表现进行综合评价。

综上所述，对于篮球和棋类课程的评估，需要建立完善的评估机制和标准，采用多种评价方式相结合的方法进行评估，以全面了解学生的学习情况和成长变化。

四、评估结果的解读与应用

为了做好体智融合课程的评价，提供一些实用的评估工具和方法，以帮助学生更好地了解自己的体能和技能状况。同时，强调反馈在体育指导中的作用，提供一些实用的反馈技巧和建议。

（一）篮球课程

1.评估工具

可以采用问卷调查、观察记录、技能测试等多种工具进行评估。

2.评估方法

(1)问卷调查:教师可以设计问卷,了解学生对篮球课程的满意度、学习体验以及对改进课程的建议等信息。通过分析问卷数据,可以了解学生的学习需求和反馈,以便改进教学方法和效果。

(2)观察记录:教师可以观察学生在课堂上的表现和学习情况,例如参与度、专注度、技能掌握情况等,并做好记录。通过分析观察记录,教师可以了解学生的学习进步和成长变化。

(3)技能测试:教师可以定期进行技能测试,了解学生对篮球技能的掌握情况。例如,可以测试学生的投篮、运球、传球等技能,并记录成绩,以便对学生的学习成果进行评估。

(二)棋类课程

1.评估工具

可以采用试卷题、比赛对弈等开展评估。

2.评估方法

(1)测试检测:教师依据上课讲解的课程内容,设计一些开局题、中局题、死活题或技战术题,按时完成测试并对结果进行测评,给予评分并了解学生的真实水平。

(2)观察测试:通过观察学生在棋类游戏中的表现来评估其棋艺水平、思维能力和决策能力等方面的情况。教师可以对学生的棋局进行分析,观察学生在面对不同局面时的应对方式,以及是否具备战术和战略意识等。

(3)比赛记录:教师可以组织学生进行棋类比赛,并记录比赛成绩和用时等信息。通过分析比赛记录，教师可以了解学生的比赛表现和策略水平等。

五、评价标准

棋类课程和篮球课程的评价标准可以根据教学目标和学生的实际情况来制定。

（一）棋类课程评价标准

1.知识掌握：评价学生是否掌握棋类游戏的基本规则、术语和策略，能否理解和分析棋局，提出合理的战术和策略。

2.实战能力：评价学生在对弈实战中的表现，包括棋局的布局、战术的运用、攻防转换等方面，是否能够独立思考、灵活应对，展现较高的竞技水平。

3.思维品质：评价学生的逻辑思维、创新思维和决策能力等，是否能够通过分析、判断、推理等思维过程，制定合理的计划和策略。

4.合作与竞技精神：评价学生在小组合作和团队对抗中的表现，是否能够积极参与、互相学习、共同进步，展现良好的团队合作精神和竞争意识。

5.学习态度：学生能够积极参与棋类课程的学习，认真完成学习任务，展现良好的学习态度和学习习惯。

（二）篮球课程评价标准

1.技能掌握：评价学生是否掌握篮球的基本技能，如传球、投篮、运球、防守等。技能是否规范、准确,能否在实战中灵活运用。

2.战术运用:评价学生在篮球比赛中的战术意识和团队协作能力,是否能够理解并执行教练的战术安排,与队友配合默契,发挥最佳的团队战斗力。

3.战术意识:评价学生能否理解并掌握篮球比赛中的战术配合和策略运用,能够在实战中灵活运用所学知识。

4.身体素质:评价学生的身体素质是否得到提升,如速度、力量、耐力、灵敏度等方面,是否能够适应篮球比赛的高强度对抗和快节奏变化。

5.比赛表现:评价学生在篮球比赛中的表现,包括进攻、防守、篮板球争夺等方面[1],是否能够积极参与比赛,发挥出自己的水平,为球队做出贡献。

以上评价标准可以根据实际情况进行细化和量化,以便更准确地评价学生的学习成果和进步情况。同时,评价标准也可以作为教师和学生共同努力的目标和方向,促进课程的持续改进和提高教学质量。

---

[1] 熊辉.湖北省独立学院篮球课程改革研究[D].长江大学,2015.

第七章 北京市少年宫的探索经验

近年来,我国政府提出了"体智融合"的发展理念,旨在促进体育与智育的有机结合。政府出台了一系列政策文件,鼓励学校、少年宫等机构开展体智融合课程,以促进学生的身心健康和全面发展。

依据体育运动的价值和特点,可以分为身体运动和智力运动。身体运动项目可以锻炼学生的身体素质,增强体能和体质,同时智力运动项目可以锻炼学生的智力水平,提高思维敏捷度和创造力。体智融合项目可以使学生既锻炼身体又发展智力,可以促进学生身心健康、提高学习效率,培养团队合作精神、增加趣味性、培养全面发展的人才。

一、北京市少年宫体智融合课程理念

体智融合的课程理念强调在体育课程中融入智力训练,通过身体活动和智力锻炼的有机结合,全面提升学生的身心素质、认知能力和综合素养。在课程设计方面,北京市少年宫采用了多样化的教学内容和方式,例如将体育游戏与学科知识相结合,通过体育活动培养学生的团队合作精神和竞争意识,培养学生的情感和社会适应能力。因此,在体育教学中,应该注重身体运动项目和智力运动项目的结合,以充分发挥其优点。

二、北京市少年宫体智融合课程简介

体智融合课程（象棋、篮球）是由象棋和篮球两门课程组合的兴趣普及类课程。课程背景是根据《关于深化体教融合 促进青少年健康发展的意见》文件精神，依托"新时代体教融合创新模式探索研究——基于北京市少年宫体育项目建设思考"课题，与北京市篮球运动协会青少年联合会、北京市棋牌运动协会一并打造并组建教师团队授课。

课程目的是落实"健康第一"的指导思想，发挥棋类、篮球运动项目育人价值和功能，一静一动、动静结合，促进项目功能互补，开发体力和智力能力，提高认知能力、身体素质、社会化合作等能力，锻炼思维能力，提高身体体能，培养善于思考、顽强拼搏的意志品质，最终为棋类和篮球选拔后备人才，促进学生身心全面发展[1]。

课程学制1年，每半年进行一次课程评价，每学期16次课。招生对象为7—10岁的学生。此课程内容分为两部分，第一，通过象棋棋艺学习，学生能够熟练掌握象棋的基本走法，了解子力间的分工配合，应用多个棋子进行攻击，熟练地掌握复杂局面的两步杀，1年达到象棋13级棋士水平；第二，通过学习运球、投篮等篮球基本技术，使学生能够掌握运球技术，提高运球基本功，熟练完成原地投篮技术，发展速度、上下肢力量、身体协调性等，1年达标篮球绕杆运

---

[1] 国家体育总局教育部.关于印发深化体教融合促进青少年健康发展意见的通知［Z］.2020.

球及投篮测试。

三、北京市少年宫体智融合课程师资

本项目课程方案设计与编写由本书作者担任，师资团队由北京市少年宫、北京市篮球运动协会、北京市棋牌运动协会等单位的教师组建。

（一）北京市少年宫师资团队

姚泽，男，中共党员，2012年就读于北京体育大学社会体育系休闲体育专业(本科)，2016年9月至2017年2月交换于中国台湾省的台湾体育运动大学休闲体育专业，主修"智力运动"和"户外运动"方向，2022年就读于北京体育大学管理学院竞赛组织专业（硕士）。

2013年9月至2015年9月服役于武警某部队，2017年4—8月在望京街道办事处团工委（学生挂职）；2017年7—12月在北京国际青年营（实习）；2018年7月至今在北京市少年宫（工作）。2019年7—11月参与庆祝中华人民共和国成立70周年国庆服务保障工作；2021年7月荣获北京市教工委线上党史知识竞赛一等奖。

谢瑜，国家二级运动员。本科毕业于天津体育学院运动训练科学学院运动训练专业，硕士毕业于北京体育大学体能训练学院体能训练专业。本科期间随队获得全国篮球体院杯八强，硕士期间多次服务于国家队，从事体能训练工作。目前在北京市少年宫体育教学部任篮球教师。

黄馨，北京市少年宫乒乓球教师，北京体育大学体育硕士，乒乓球一级运动员，乒乓球一级裁判员。

(二)北京市篮球运动协会师资

焦健，中国篮球名宿，现任北京市篮协副秘书长、北京市篮协青少年联合会会长、北京市少年宫篮球队总教练、北京市朝阳区篮协副主席、国家雏鹰计划签约球探、北京市"小篮球"推广大使、朝阳之星总教练、天津市北辰区篮球运动协会专家顾问。职业生涯时期是中国男子篮球队的球员、北京首钢篮球俱乐部球员，1999—2000赛季CBA最佳新秀，9次参加CBA全明星赛，共参与13届男子篮球职业联赛和3届全运会，是联赛历史上第一个同时达到5000分、2000个篮板球里程碑的球员。现在主要从事青少年篮球项目指导，在青少年篮球赛事活动等方面继续推动篮球运动事业的发展。

刘民，北京篮球协会青少年发展委员会会长助理，北京市朝阳区篮球协会理事；北京市东城区体校篮球队教练，北京市第五中学篮球队助理教练，北京市少年宫篮球队教练员，北京篮协A级篮球教练员，社会体育指导员（一级），中国篮球协会篮球裁判员，北京实验二小、史家小学等多所中小学外聘教练，曾被评为"石景山区中小学生优秀教练员"。

(三)北京市棋牌运动协会师资

任刚，北京市少年宫中国象棋教师，硕士学位，毕业于北京大学，中国象棋国家一级运动员，现任北京市棋牌运动协会象棋专业委员会副秘书长，有丰富的教学经验，曾任北京大学、人大附中象棋课金牌讲师。

四、北京市少年宫体智融合课程内容

（一）象棋课程教学内容

单元名称：体智融合课程——象棋

体育教学部　任刚

1. 课程基本信息

本次体智融合课程为象棋，是专门针对1—5年级小学生的体育类课程，活动人数为16人，开课时间为2024年9月，每周有2个课时，任课的设计教师为任刚。

2. 背景分析

（1）学期目标及分析

本项目根据学生身心健康和智力发展的敏感期，采用趣味故事、象棋技战术学习、象棋竞赛等方式，锻炼学生专注力、记忆力、计算力、换位思考、抗压能力五大能力，以《国家学生体质健康标准》和《义务教育体育与健康课程标准（2022年版）》[1]的测试评定内容和指标为参考，对学员进行测评，目的是提高学生的象棋技战术水平，提升学生的逻辑思维能力。

（2）教材分析

基于既定课程的目标，综合选定以下两本书为象棋课程教材内容。

我国《义务教育体育与健康课程标准（2022年版）解读》[2]，

---

[1] 中华人民共和国教育部.义务教育课程方案(2022年版)[M].北京:北京师范大学出版社,2022.14.

[2] 季浏.我国《义务教育体育与健康课程标准（2022年版）解读》[J].体育科学,2022,42(05):2—10.

本论文为象棋课程提供了理论依据，对象棋课程的教学目标、教学方法、展示手段等也有一定的借鉴作用。

《象棋入门》，王国栋、方士庆等著[①]，本书为课程的专业度提供借鉴。如书中的象棋故事、学习计划、课程总结等内容，提供了针对象棋启蒙阶段清晰的教学计划和目标。

（3）学情分析

本课程的教学对象是1—6年级的学生，新知识的接受能力也不尽相同，为此需进行分班教学，学前进行象棋水平分班测试，按照年级和象棋水平进行分层，授课时合理安排训练量，训练时应从象棋基本功和文化礼仪开始，一切从实际出发，具体问题具体分析，做好安全预案工作，创造安全的环境。

（4）教学资源分析

教学器材：包括教师用棋盘（挂盘）、学生棋盘、棋子，为教学和训练做好准备。

分析：提前规划好象棋文化与象棋技战术练习的项目比例、做好学生练习及竞赛的成绩记录，教师做好安全防护工作。竞赛时根据学生水平合理分组，有序训练。

3. 单元目标

（1）学习目标

①了解象棋文化：通过趣味小故事引入课程，提升学生兴趣。

②掌握象棋基本走法和吃子：通过示范法讲解棋子走法、吃法，

---

① 王国栋,方士庆,李燕贵.象棋入门[M].北京：金盾出版社,2007.

通过趣味游戏和竞赛相结合的方式，让学生积极融入课堂，感受象棋的乐趣，锻炼积极进取的意志品质。

③掌握象棋胜负规则：通过示范法讲解象棋规则，让学生能判断一局棋的胜负。

（2）使能目标

学生能够学会如何分析棋局，能够在实践中运用所学知识巩固和提高学生的象棋技能，并在对局中的行为满足象棋礼仪的要求。

4. 单元内容与实施

（1）学习内容：课程导入（用时10分钟）

通过象棋文化小故事引入课程，进行文化熏陶，提高学生对象棋的兴趣。

评价：观察学生的精神面貌和注意力、目测评价。

学生要求：遵守纪律、注意力集中、精神饱满等。

（2）学习内容：技战术学习（用时20分钟）

教师用挂盘进行授课，每个知识点学习5分钟，练习5分钟，1节课2个知识点。

①棋子的摆法

教学目标：根据象棋摆法歌，进行摆棋。

教学方法：教师讲一句摆棋口诀，学生重复一句，教师根据口诀摆棋子，学生每人一个棋盘，进行摆棋子练习。根据学生实际掌握情况，重复2—3遍此过程。

学生评价：能正确、快速摆好棋子。

②棋子的走法

教学目标：掌握象棋中7种棋子的走法规则。

教学方法：老师讲一句走法口诀，学生重复一句。再进行10个棋子走法的小练习。

学生评价：掌握所有棋子的走法规则。

③棋子的吃法

教学目标：掌握象棋中7种棋子的吃子规则。

教学方法：老师示范，说明吃子和不能吃子的情况。学生再进行10个棋子吃子的小练习。

学生评价：掌握所有棋子的吃子规则。

④象棋的礼仪

教学目标：掌握象棋对局前、中、后的礼仪并形成良好习惯。

教学方法：老师进行礼仪示范，学生分组进行礼仪练习。

学生评价：在对局过程中，遵守象棋礼仪，养成良好的对局习惯。

⑤象棋的胜负规则

教学目标：能正确判断象棋的胜、负、和。

教学方法：老师进行讲解，再进行10个棋局胜负的小练习。

学生评价：能够正确地分辨对局胜负。

（3）学习内容：实验演练（用时30分钟）

学生两人一组进行练习。分组时要注意学生的年级相当、水平相当。

要求：先练象棋礼仪，再进行实战演练。

①象棋摆法练习

练习方法：两人一组，一人摆红棋，一人摆黑棋，摆好后互相检查，确认无误后举手找老师确认。交换红棋和黑棋，进行摆棋练习。

②棋子走法练习

练习方法：两人一组，一人走红棋，一人走黑棋。先正确摆棋，互相检查无误后，只走本节课学习的棋子，按照老师的要求进行走子。交换红棋和黑棋，进行走子练习。

③象棋吃子练习

练习方法：两人一组，一人走红棋，一人走黑棋。先正确摆棋，互相检查无误后，进行象棋吃子训练，按照老师的要求进行胜负判定。交换红棋和黑棋，熟悉走法和吃子过程。

④象棋礼仪练习

练习方法：两人一组，先正确摆棋，互相检查无误后，再进行象棋礼仪训练。对局前静坐30秒，之后互相握手行礼，并说"向您学习"。练习走子过程中不能说话，养成摸子走子、落子无悔的好习惯，对局结束后把棋子复原或收好。

⑤象棋实战练习

练习方法：两人一组，先正确摆棋，互相检查无误后，按照象棋礼仪进行实战。对局前静坐30秒，之后互相握手行礼，并说"向您学习"。对局中红棋先走，黑棋后走，对局中养成摸子走子、落子无悔的好习惯，分出胜负时要"胜不骄、败不馁"，对局后按要求把棋子复原或收好。

5. 单元评价

（1）单元目标评价

①象棋文化评价

学习目标：了解象棋文化，提升学生对象棋的兴趣。

任务描述：复述课堂中的象棋文化小故事。

评价量规：整体性量规、老师对学生的表达能力做主观判断。

评价实施：个人展示，老师点评；小组展示，互评。

②象棋基本走法和吃子评价

学习目标：熟练掌握象棋7种棋子的走法和吃子规则。

任务描述：在一局棋的对弈中，学生的走法和吃子不出现失误。

评价量规：整体性量规、棋子的走法、对吃子规则做客观判断。

评价实施：集体展示，老师点评；个人展示，考核。

③象棋的胜负规则评价

学习目标：能正确判断象棋的胜、负、和。

任务描述：学生能正确地判断当前局面的胜、负和简单的和棋。

评价量规：整体性量规、对棋局的胜负做客观判断。

评价实施：集体展示，老师点评；个人展示，考核。

④使能目标评价

学生在对局中的行为满足象棋礼仪的要求。

学习目标：掌握象棋对局前、中、后的礼仪并形成良好习惯。

教任描述：老师进行完整的礼仪示范动作，学生们分组进行礼仪练习。在对局中，老师指导、纠正学生的行为、举止，通过反复练习，展示，形成良好的象棋对局习惯。

评价量规：整体性量规、老师做主观判断。

评价实施：集体展示，老师点评；小组展示，考核。

6. 课后小结

老师点评优秀学员及进步快的学生，并及时提醒出现的一些问题。布置作业，每周做象棋走法、吃子、判断胜负练习20个；按照象棋礼仪，进行1局完整的对局。

（二）篮球课程教学内容

表7－1　篮球运动概述

课程名称：篮球必修课	课次：第××次	授课日期：20××年×月×日
授课对象：××学校　篮球课学生	授课地点：教室	教学方式：课堂讲授
本课题目：篮球运动概述[①]	使用教材：高等学校规划教材体育科学：篮球运动教程（2013年版）	

教学任务：
1. 使学生了解本课程的教学大纲内容，激发学生对篮球的热爱。 2. 使学生了解篮球运动起源、发展与特点。 3. 使学生掌握篮球比赛的主要违例、侵人犯规及其罚则。 4. 使学生了解篮球竞赛裁判法。

教学主要内容	一、篮球教学大纲 （一）教学目标 通过本课程的学习，使学生了解篮球发展概述及篮球主要的技战术基本理论，篮球规则与裁判法及竞赛组织等基本知识。初步掌握篮球主要技术和主要基础配合，使学生初步学会打篮球，锻炼身体，提高学生的身体素质。 （二）教学内容 1. 理论部分 2. 实践部分 （三）教学课时分配			
	教学内容	教学课时	教学形式	百分比
	理论部分	4	课堂讲授，观看录像	12.5%
	实践部分	26	教学实践课	81.5%
	考　试	2	技术考核	6%
	合　计	32		100%

[①] 张超,郭雅.篮球运动教程[M].西安：西北工业大学出版社,2013.

续表

| 教学主要内容 | (四) 考核
1.考核依据
考核的依据是本课程教学计划要求，主要考核学生掌握主技、战术的程度，考查学生对基本理论知识的了解程度。
2.考核内容及比例
(1) 理论知识：占20%。
(2) 技术水平：占60%。
(3) 比赛实战能力：占10%。
(4) 平时表现：占10%。
二、篮球运动概述
(一) 篮球运动的起源与发展
1.起源
现代篮球运动起源于美国，1891年12月21日，由詹姆士·奈史密斯(James Naismith)在马萨诸塞州斯普林菲尔德市基督教青年会干部训练学校创始的。
2.篮球发明的历史背景
奈史密斯创始篮球运动的起因：奈史密斯在斯普林菲尔德市青年训练学校担任体育教师期间，由于美国东部地区入冬较早，天气寒冷，冬天参加青年会活动的人明显减少，主要是缺少一项适合在冬季进行的室内运动项目，同时为了提高学员对体育课的兴趣，因此发明了一种适宜冬季能在室内活动且趣味性强的体育活动。
3.篮球运动演进与发展的基本历程
篮球运动演进的五个时期：初创传播－完善推广－普及发展－全面提高－创新攀登。
(1) 初创传播时期(19世纪90年代至20世纪20年代)。
(2) 完善推广时期(20世纪30年代至40年代)。
(3) 普及发展时期(20世纪50年代至70年代初)。
(4) 全面提高时期(20世纪70年代至80年代)。
(5) 创新攀登时期(20世纪90年代至今)。
(二) 中国篮球运动的发展概况
1.中国篮球运动的传入
现代篮球运动是清朝末年（1895年）由美国基督教青年会的传教士来会理传入我国天津基督教青年会的。
1896年，天津基督教青年会举行了我国第一次篮球游戏表演赛，此后逐步由天津向全国传播、推广。百余年来，篮球运动逐渐成为我国人民群众喜闻乐见的体育运动项目。 |

续表

| 教学主要内容 | 2.篮球运动在中国的发展
(1) 传播和缓慢普及时期（1895—1949年）。
(2) 健康和蓬勃发展时期（1950—1965年）。
(3) 恢复和快速发展时期（1975—1994年）。
(4) 深化改革和创新攀登时期（1995年至今）。
1995—1996赛季我国CBA男篮联赛揭开了中国篮球职业化、商业化改革的序幕。1997年，国家体育总局成立了篮球运动管理中心，在管理体制改革上迈出了重要的一步。中国国家男子篮球队在第28届、第29届奥运会上均获得了第八名的好成绩，而中国国家女子篮球队则是在第29届奥运会上获得了第四名的优异成绩。
（三）篮球运动的特点与功能
1.特点
主要表现在以下几个方面。
(1) 时、空对抗性。
(2) 攻、守转换性。
(3) 多元、综合性。
(4) 商业化、职业性。
2.功能
(1) 教育功能。
(2) 健身功能。
(3) 文化娱乐功能。
(4) 经济价值功能。
（四）现代篮球运动的发展趋势
朝着智博谋深、身高体壮、凶悍顽强、积极快速、机敏多变和全面准确这一趋势与不同流派风格以及多种多样打法的方向发展。
三、篮球规则
国际篮球联合会（以下简称"国际篮联"）在一般情况下，每隔4年对规则进行一次修改与补充，其目的是促进篮球技、战术进一步发展，并限制粗暴动作，使比赛向文明、干净及紧张激烈和富有魅力的方向发展。
（一）篮球场地器材
1.篮球场地（如图7—1）
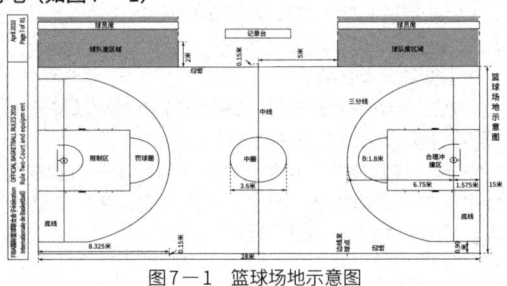
图7—1　篮球场地示意图 |

续表

教学主要内容	2. 篮板（如图7—2） 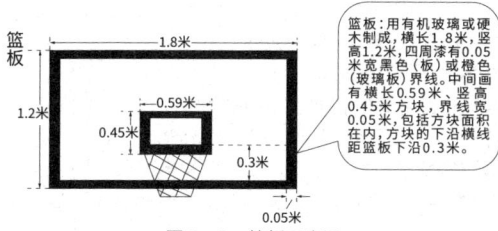 图7—2 篮板示意图 3. 篮圈、篮网（如图7—3） 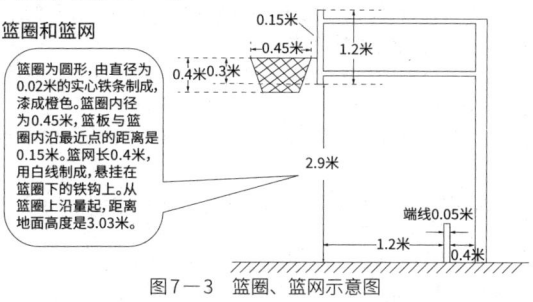 图7—3 篮圈、篮网示意图 （二）比赛规则及一般规定 1. 比赛人数：每队由12名队员组成，上场比赛的队员为5名。 2. 比赛时间：比赛由4节组成，每节10分钟，每一决胜期的时间为5分钟。每节之间休息2分钟；半场之间休息15分钟。 3. 比赛开始：在第1节时，由主裁判员在中圈执行跳球开始比赛；当主裁判员抛出的球被跳球队员合法拍击时为比赛开始。 4. 比赛结束：在一节或决胜期的比赛时，当结束比赛时间的比赛计时钟信号响起时，为比赛结束。 5. 暂停：在第一半时每队可准予2次暂停；在第二半时内可准予3次暂停，每一决胜期可准予1次暂停。 暂停时机：球成死球；对方队球中篮后。 6. 得分：球中篮，罚球得1分；在2分区投篮得2分；在3分区投篮得3分。如意外将球投入本队球篮，中篮算对方队得分计2分，如故意将球投入本队球篮，则是违例，中篮不计得分。 7. 替换：在比赛中请求替换，替补队员应到记录台前做出替换手势要求替换，并及时做好比赛的准备。

续表

教学主要内容	（三）常见的违例 违例是违反规则的行为。其罚则是：由对方队在发生违例的最近地点界线外掷球入界重新开始比赛。 1. 队员出界与球出界 当队员的身体的任何部分接触界线上以及界线上方或界线外的除队员以外的地面或任何物体时，即队员出界。 当球触及了在界外的队员或任何其他人员、界线上和界线上方或界线外的地面或任何物体、篮板支架、篮板背面或比赛场地上的任何物体，即是球出界。 2. 掷球入界违例 掷球入界时，发生下列情况可判为掷球入界队员违例。 (1) 在5秒钟内未使球进入场内。 (2) 在指定的地点横向移动超出一步或向左右方向移动。 (3) 球离手前或离手时身体触及场内地面。 (4) 掷出的球碰到篮板背面、支柱、天花板或卡在篮圈支颈上，或直接中篮。 (5) 掷出的球，在球未触及场上队员前又首先触及球。 (6) 球未触及场内队员直接出界。 3. 非法运球（俗称两次运球） 当在场上已获得控制活球的队员将球掷、拍、滚或运在地面上，在球触及另一队员之前再次触及球为运球开始。 当队员双手同时触及球或允许球在一手或双手中停留时为运球结束。第一次运球结束后，不得再次运球，在两次运球之间他在场上已失去了控制活球，如投篮、球被对方触及、传球后触及了其他队员等。 下列情况不算运球。 (1) 连续投篮。 (2) 运球前（后）漏接球，即接球不稳。 (3) 利用连续跳、拍动作试图获得球。 (4) 用拍击的方式试图获得球。 4. 带球走 当队员在场上持着一个活球，其一脚或双脚超出规则的限制向任何方向非法移动时，即是带球走。 判断带球走的关键：确定和观察持球队员的中枢脚。 (1) 中枢脚的确立 ①原地或移动中接球时，双脚同时着地，可用任何一脚做中枢脚，当他一脚抬起的一刹那，另一脚就成为中枢脚。

续表

教学主要内容	②在移动中接球时，如一脚正接触地面，则该脚就成为中枢脚；如一脚着地，或跳起后双脚同时着地停步，此时哪一只脚都不能单独成为中枢脚；如需运球，必须在球离手后，两脚任一脚才能离地。 (2) 中枢脚已确立 ①开始运球时，在球离手前中枢脚不得抬起；队员抬起中枢脚可做传球或投篮，但在球出手之前任一脚不得落回地面。 ②当一名队员持球跌倒在地面或躺或坐在地面上获得控制球是合法的，如果持球滑动、滚动或试图站起来则是违例。 5. 违反时间规则 (1) 3秒违例：在内线区域内，当进攻方开始控球时刻计算，任何一名进攻方球员滞留的时间不应该超过3秒。 (2) 5秒违例：进攻球员必须在5秒之内掷出界外球；在被严密防守时，必须在5秒之内传、投或运球；在罚球时，罚球队员必须在5秒之内将球投出。 (3) 8秒违例：控制球的队员必须在8秒内使球进入他的前场；如果球从后场合法出界，那么他必须在之前8秒的剩余时间内使球进入前场；交替拥有中如果在后场掷球入界，那么他必须在之前8秒的剩余时间内使球进入前场。 (4) 24秒违例：即当一次进攻开始的时候，从后场一得到球，必须在24秒钟之内尝试投篮，至少在24秒之内投篮一次，否则发生24秒进攻违例。 6. 球回后场 首先明确以下两个概念。 (1) 对处于后场的进攻队员而言，此时中线属于前场。 (2) 对处于前场的进攻队员而言，此时中线属于后场。 在比赛中，判断球回后场，必须使下述三个条件均成立。 (1) 进攻队的队员在前场控制球。 (2) 该队队员使球回到后场。 (3) 该队队员首先在后场触及球。 7. 脚踢球与拳击球 故意用脚踢球或用腿的任何部位拦阻球以及用拳击球都是违例，球偶然触及或碰到脚或腿不算违例。 (四) 常见的犯规 基本概念与罚则如下。 ●犯规是对规则的违反，含有与对方队员的非法身体接触或违反体育道德的举止。每一次犯规都应被登记，记入记录表并判定相应的罚则。

续表

教学主要内容	● 如某队员累计侵人犯规或技术犯规已达5次，则必须在30秒钟内被替换出场。 ● 在一节中某队全队累计犯规已达4次，随后发生的对未做投篮动作的队员的侵人犯规，应判给2次罚球，代替掷球入界。 ● 如果随后是控制球队的队员发生了侵人犯规，则判给对方队在就近地点掷球入界。 1. 侵人犯规 侵人犯规是指队员与对方队员发生的身体接触的犯规。无论球是活球或死球。 在比赛中，队员不得通过伸展他的手、臂、肘、肩膝或脚来拉、阻挡、推、撞、绊、阻止对方队员行进以及不应将其身体弯曲成"反常的"姿势（超出他的圆柱体）；也不应有任何粗野或猛烈的动作。否则可判为侵人犯规。 一旦发生了侵人犯规，应按下列罚则处理。 ● 给犯规队员登记一次侵人犯规。 ● 如果是对未做投篮动作的队员发生犯规，应由对方队在靠近犯规的地点掷球入界，重新开始比赛。 如果是对正在做投篮动作的队员发生犯规，投球中篮，应计得分并判给1次追加的罚球；如果投篮未中，应按投篮区域，判给2次或3次罚球。 2. 双方犯规 双方犯规是指两名互为对方的队员大约同时相互发生侵人犯规的情况。 当裁判员宣判了双方犯规，应按下列罚则处理。 ● 给每一犯规队员登记一次侵人犯规；不判给罚球。 如某队已控制了球或拥有球权，则判由该队掷球入界。 如果双方都未控制球也没有球权，一次跳球情况发生。 ● 如果在大约同时投篮有效或最后一次或仅有一次的罚球得分，应将球判给非得分队从端线掷球入界。 3. 违反体育道德的犯规 根据裁判员的判断，一名队员不是在规则的精神和意图的范围内合法地试图去直接抢球，发生的接触犯规是违反体育道德的犯规。 罚则如下： (1) 给犯规队员登记一次违反体育道德的犯规。 (2) 判给被犯规的队员2次罚球以及随后由该队在记录台对面的中线延长部分掷球入界。 (3) 如果是对正在做投篮动作的队员发生的犯规，如中篮应计得分并加判1次罚球；如投篮未中，应视投篮区域判给2次或3次罚球。

续表

教学主要内容	四、篮球裁判方法与技巧简介 (一) 必须掌握的术语概念 1. 主裁判员。 2. 副裁判员。 3. 前导裁判员。 4. 追踪裁判员。 (二) 裁判员的分工与配合 1. 基本概念 追踪裁判员在比赛中，当球在推进时，应位于球的左后方位置，离球3—5米，负责在球或队后面观察比赛。 前导裁判员应在比赛进攻方向球前面负责观察比赛，当他到达进攻队前场端线后，应在其左侧的3分投篮线和其右侧的限制区边缘之间的位置，并根据球的转移正常地移动。 2. 裁判员的分工与配合 (1) 跳球时两裁判的分工与配合。 (2) 裁判员的区域分工。 (3) 界线的分工与配合。 (4) 投篮时的分工与配合。 (5) 宣判犯规的分工与配合。 (6) 罚球时的分工与配合。
组织教法	1. 运用多媒体课件进行讲解与分析。 2. 以教师讲授为主，辅以启发式提问。
课堂小结	1. 总结本课学习的主要内容。 2. 布置思考题。 (1) 篮球运动的特点和功能是什么？ (2) 篮球是哪年由谁发明的？哪年传入的我国？ (3) 篮球场地、篮板、篮圈的规格是怎样的？ (4) 常见的违例和犯规有几种？如何判罚？

表7－2 篮球基本技术（基本姿势、原地运球技术）

	教学内容和练习手段
准备部分 20分钟	一、整队、点名、报告本课任务（队形如图7－4） 图7－4 队形图 二、提出本课程学习要求 （一）端正学习态度，遵守课堂纪律。 （二）团结协作，培养团队精神。 （三）见习生认真听课，并协助教师上好课。 （四）爱护场地器材，课前课后值日生借还球。 三、安排见习生 四、准备活动 （一）走跑练习：学生一路纵队绕球场慢跑。 （二）游戏：快速反应集结。 方法：学生在慢跑过程中，根据教师发出的口令快速集结成一组，剩下的未结组的学生罚做5个俯卧撑。 （三）原地徒手体操 1. 扩胸运动。 2. 振臂运动。 3. 体转运动。 4. 腹背运动。 5. 踢腿运动。 6. 压腿运动。 7. 跳跃运动。
基本部分 65分钟	五、学习基本姿势 （一）教学任务 使学生掌握基本姿势。 （二）教学步骤 1. 示范 做正面、侧面示范。 2. 讲解 动作方法：两脚左右或前后开立与肩同宽，两腿微屈，上身稍前倾，重心在两脚之间，两臂微屈置于体侧，眼看前方。

续表

	教学内容和练习手段
基本部分 65分钟	3.练习方法 (1)基本姿势模仿练习：学生两列横队呈体操队形，根据教师讲解的动作要领做基本姿势的模仿动作。 (2)基本姿势练习：学生两列横队呈体操队形，根据教师口令做基本动作。 六、学习双手胸前传接球技术 (一)教学任务 使学生初步掌握双手胸前传接球动作方法。 (二)教学步骤 1.示范 正面、侧面、后面示范持球手法和传接球方法。 2.讲解 (1)持球手法：双手五指分开，两拇指呈"八"字形，用指根以上的部位握球的两侧后方，两臂弯曲肘关节下垂，持球于胸前。 (2)传球方法：传球时，后脚蹬地，身体重心前移，同时两臂迅速向传球方向伸出，两拇指下压同时翻腕，食、中指用力拨球将球传出。 (3)接球方法：接球时，两眼注视来球，两臂伸出迎球，手指自然分开，两拇指呈"八"字形，手指向前上方，两手呈一半圆形。当手指触球后，两臂随球顺势后引缓冲来球力量，两手握球于胸前。 3.练习方法 (1)持球手法练习 方法：学生呈两列横队，呈基本姿势站立，每人持一球，在教师的口令下做向前跨步放球，然后回到基本姿势，再跨另一脚持球，然后回到基本姿势练习。 (2)双手胸前传接球徒手模仿练习 方法：队形同上，学生在教师的口令下，将传球技术分解成伸臂－翻腕－拨球三个环节，将接球技术分解成伸臂迎球－缓冲保护球两个环节进行体会练习。 (3)双手胸前传接球练习 方法：学生两人一组一球，相距3－5米，面向对方站立进行传接球练习。 七、学习直线运球技术 (一)教学任务 掌握运球手法，初步学会行进间运球技术。 (二)教学步骤 1.示范 突出运球的手部动作和身体姿势，以及行进间运球时球的落点、球的反弹高度和手脚配合。

续表

	教学内容和练习手段
基本部分 65分钟	2. 讲解 动作方法：五指自然张开，用手指和指根以上部位触球。向前运球时，以肘关节或肩关节为轴，前臂和手腕做屈伸动作，手按拍球的后上方，使球落于体侧前方，球的反弹高度在胸腹之间。 3. 练习方法 (1) 原地高低运球 方法：每人一球，原地做体侧高低运球，左右手交换练习。 (2) 行进间直线运球 方法：第一组每人一球，右手运球到对侧端线，换左手运球返回，把球交给下一人，依次进行练习。 (3) 行进间高低运球 方法：每人一球，先做行进间高运球，听到教师信号后做原地低运球，根据教师信号依次进行练习。 八、学习原地单手肩上投篮 (一) 教学任务 使学生初步掌握单手肩上投篮的动作手法，让学生看清投篮前的持球手法和投篮时的出手动作。 (二) 教学步骤 1. 示范 在罚球线上做投篮示范动作。 2. 讲解 动作方法：以右手投篮为例。两脚前后开立，右脚在前，两膝微屈，重心落在两腿上。右臂屈肘，手腕后屈，持球于肩上，左手扶球左侧，对准球篮。上臂与地面平行，前臂与地面接近垂直。投篮时下肢蹬地，腰腹伸展，同时右臂向前上方伸出，手腕前屈，手指拨球，循环练习。 3. 练习方法 (1) 原地模仿投篮练习 方法：学生呈体操队形站立，根据教师"预备——投"的口令做投篮模仿动作。 (2) 持球手法练习 方法：学生呈体操队形站立，每人一球，做单手肩上投篮持球姿势，教师逐一纠正。 (3) 原地体会投篮出手练习 方法：学生呈体操队形站立，每人一球，根据教师"预备——投"的口令做向空中投篮动作。

续表

	教学内容和练习手段
基本部分 65分钟	(4) 两人对投练习 方法：学生每两人一球，相距4—5米对投，体会投篮动作的要领。 (5) 近距离投篮练习 方法：学生分成两组，分别站在两个半场罚球线前半米处依次投篮，投完篮后自抢篮板球，排到队尾。
结束部分 5分钟	1. 放松整理运动（队形如图7—5） 图7—5　整理队形 2. 课程小结。 3. 布置思考题。 (1) 正确的基本姿势在篮球技术中有何作用？ (2) 双手胸前传接球、直线运球和原地单手肩上投篮的动作要领是什么？

表7—3　篮球基本技术（投篮）

	教学内容和练习手段
准备部分 20分钟	一、整队、点名、报告本课任务 二、安排见习生 三、准备活动 （一）走跑练习 学生一路纵队绕球场慢跑3圈。 （二）原地球操 1. 胸前左右手快速指拨球。 2. 左右手交替抛接球。 3. 左右手交替持球振臂。 4. 左右手交替持球展臂。

续表

	教学内容和练习手段
准备部分 20分钟	5. 头、腰、膝持球绕环。 6. 胯下8字交接球。 7. 前踢腿,腿下交接球。 8. 前弓步地上前后滚球。 9. 侧弓步地上左右滚球。 (三)游戏:叫号游戏 方法:全班围成一个适当大小的圈,其中一名学生持球在圈中间站立,其他同学按1—x号报数后,记住自己的号码。游戏开始,持球人垂直向上抛球的同时任意喊出一个号码,被喊者迅速出来在球未落地前将球接住,然后再喊其他的号码,以此类推。
基本部分 65分钟	一、学习急停 (一)教学任务 介绍跳步急停和跨步急停动作方法,重点学习跨步急停,使学生初步掌握两种急停的动作方法。 (二)教学步骤 1. 示范 做正面、侧面示范,让学生看清急停时的步法。 2. 讲解 (1)跳步急停:队员在跑动中,用单脚起跳,两脚平行或前后同时落地(略宽于肩),屈膝降重心,保持身体平衡。 (2)跨步急停:队员在跑动中向前跨出一大步,同时重心下降身体稍后仰,接着向前迈出第二步,落地的同时屈膝身体稍侧转,脚掌内扣用力蹬地,重心落在两脚之间。 3. 练习方法 (1)原地体会动作练习 方法:两列体操队形,每人各自做跳步急停和跨步急停练习,体会动作要领。 (2)慢跑中做急停练习 方法:再跑再停,反复做至端线。做3组跳步急停后,再做跨步急停。 (3)快速跑动中急停练习 方法:学生从端线开始快速跑动,听到教师信号后立即做跳步(跨步急停),停稳后再快速起动向前跑,再听到信号后做跳步(跨步急停),反复做至对侧端线。 二、复习双手胸前传球技术 (一)教学任务 改进双手胸前传球技术动作。 (二)提问 双手胸前传接球的动作要领是什么?

续表

	教学内容和练习手段
基本部分 65分钟	(三) 练习方法 (1) 原地胸前传球练习 方法：学生呈两列体操形，两人一组，相距3—4米，做双手胸前传球练习。 (2) 三角传接球练习 方法：学生分成三组呈三角形站立，①传球给②后跑到⑧的后面，②传球给③后跑到⑨的后面，③传给①后跑到⑦的后面，依次进行练习。 (3) 移动中传接球练习 方法：分成二路纵队相对5—6米站立，①传球给②后跑到⑧的后面，②传球给③后跑到⑦的后面，依次进行练习。 三、复习原地单手肩上投篮技术 (一) 教学任务 改进投篮手法，进一步掌握动作方法。 (二) 提问 原地单手肩上投篮的动作要领是什么？ (三) 练习方法 1. 两人对投练习 方法：学生呈体操形相对站立，两人一组一球，相距4—5米对投，体会投篮动作。 2. 罚球线上投篮练习 方法：学生每人一球，分成四组分别站在两半场罚球线上依次投篮，投完篮后自抢篮板球，排到队尾。 3. 投篮比赛 方法：每组一球，各组学生依次投篮，自投自抢传给下一人然后排到队尾，投完10个为胜。各半场的两组间进行比赛。 四、学习转身技术 (一) 教学任务 使学生初步掌握转身的动作方法。 (二) 教学步骤 1. 示范 做前转身和后转身的示范，突出转身时重心的转移及方向的控制。 2. 讲解 动作方法：转身时，移动脚时前脚掌用力蹬地并迅速跨出，同时中枢脚前脚掌用力碾地，上身随移动脚向前或向后转动。移动脚向中枢脚脚尖方向跨出而改变身体方向为前转身。移动脚向中枢脚脚跟方向跨出而改变身体方向为后转身。 (三) 练习方法 1. 原地徒手做前后转身练习 方法：学生呈体操队形站立，根据教师口令做前转身、后转身练习。

续表

	教学内容和练习手段
基本部分 65 分钟	2.持球跨步转身练习 方法：学生呈体操队形站立，每人一球，双手持球做向前跨步、向后跨步转身练习。 3.加防守转身练习 方法：两人一组，一人持球，另一人防守。持球人利用跨步和前转身、后转身摆脱防守，防守者积极移动抢球拍球。 五、复习直线运球 （一）教学任务 改进学生运球动作方法。 （二）提问 直线运球的动作要领是什么？ （三）练习方法 1.原地高低运球练习 方法：学生呈体操队形站立，每人一球，根据教师信号做原地高低运球，左右手交换练习。 2.行进间折线运球 方法：每人一球，从端线开始右手运球至中线，然后左手运球返回，再改为右手运球到对侧端线，左手运球返回。第一组做完后第二组开始练习，依次进行。 3.运球比赛 方法：各组一球，听到教师信号后第一排同学右手运球绕过障碍物换左手运球返回，然后交给下一人继续进行，直至全部做完，先做完的组为优胜组。 4.比赛规则 (1) 必须左右手运球，绕过障碍物才能返回。 (2) 必须把球手递手交给下一人，不能传球。
结束部分 5 分钟	1.放松整理运动。 2.课程小结。 3.布置思考题。 (1) 急停动作有几种？其动作要领有何异同点？ (2) 转身技术动作要领是什么？

表7－4　篮球基本技术（单手高手投篮）

	教学内容和练习手段
准备部分 20分钟	一、整队、点名、报告本课任务 二、安排见习生 三、准备活动 （一）走跑练习 学生一路纵队绕球场慢跑3圈。 （二）行进间徒手操 1. 扩胸运动。 2. 振臂运动。 3. 体转运动。 4. 腹背运动。 5. 踢腿运动。 6. 压腿运动。 7. 全身运动。 （三）游戏：听数追逐跑 方法：学生分为两组，相距一步相对站立，甲组为单数，乙组为双数。当听到教师喊单数时，甲组同学追乙组同学，当听到双数时，乙组同学追甲组同学。
基本部分 65分钟	四、复习急停和转身技术 （一）教学任务 改进急停和转身技术动作，学会与传接球技术结合运用。 （二）提问 急停和转身技术动作要领是什么？ （三）练习方法 1. 原地徒手前后转身练习 方法：学生体操队形站立，根据老师信号做前转身（后转身）动作，左右脚交替做中枢脚。 2. 跑动中急停练习 方法：学生四人一组，从端线开始跑动，听到教师信号后立即做跳步急停（跨步急停），停稳后再开始向前跑动，再听到信号后做跳步急停（跨步急停），反复做至对侧端线。 3. 接球急停－转身－传球组合练习 方法：学生分为两组，学生跑动中接球传球急停，停稳后做持球前转身、后转身，然后把球传回，跑回队尾，依次练习。 五、学习行进间单手低手投篮技术 （一）教学任务 学生初步掌握行进间单手低手投篮动作方法。

续表

	教学内容和练习手段
基本部分 65分钟	（二）教学步骤 1.示范 教师做正确、规范的行进间单手低手投篮动作示范，让学生看清单手低手投篮手法。 2.讲解 动作方法：以右手投篮为例，跑动中右脚跨出一大步同时接球，左脚接着跨出一小步并用力蹬地向前上方起跳，右膝屈膝上抬，同时双手向前上方举球，右手掌心向上托球下部，腾空后当身体接近最高点时，右臂向前上方伸展，接着手腕上挑，使球由食指、中指指端柔和地投出。 （三）练习方法 1.原地单手持球反复挑球练习 方法：学生每人一球反复做将球上举－提肘－手指上挑球－单手接球练习。 2.拿固定球上篮练习 方法：每人一球。练习时，学生传球给固定接球人×，×伸臂托球，学生向前跑至×前跨右脚拿球，跨左脚起跳举球，身体腾空至最高点时向篮方向伸臂接着手腕上挑，使球由食指、中指指端柔和地投出。 六、复习双手胸前传接球技术 （一）教学任务 巩固原地双手胸前传接球技术，初步掌握行进间传接球动作。 （二）练习方法 1.原地双手胸前传接球练习 方法：学生呈体操队形立，两人一组一球，相距5米互相传球。每人传10次为一组，共做3组。 2.行进间双手胸前传接球练习 方法：两人一组一球跑动中传接球，传球到对侧端线，等所有同学都做完再传球返回。 七、复习原地单手肩上投篮技术 （一）教学任务 巩固原地单手肩上投篮技术。 （二）练习方法 1.自投自抢练习 方法：学生每人一球，距离球篮5米左右自投自抢篮板球，两个半场同时进行。 2.三点投篮练习 方法：每组一球，分别站在距球篮约5米左右的三个投篮点上同时投篮，投完篮后自抢篮板球传给同组的下一人，然后按顺时针方向排队，依次练习。

续表

	教学内容和练习手段
基本部分 65分钟	八、复习直线运球技术 （一）教学任务 巩固运球动作，加强手对球的控制能力。 （二）练习方法 1.原地高低运球练习 方法：学生呈体操队形站立，每人一球，按教师口令做高低运球，前后拉运球、左右拉运球，左右手交替练习。 2.运球急停急起练习 方法：学生每人一球向前运球，听到教师信号后立即做运球急停，听到教师信号后再次运球起动，反复进行，一直做到对侧端线。 九、教学比赛 （一）教学任务：通过比赛使学生学会运用已学过的技术。 （二）方法：五人一组，全场五对五，比赛10分钟，再换两组比赛。 （三）要求：学生大胆运用所学的技术动作。
结束部分 5分钟	1.放松整理运动。 2.课程小结。 3.布置思考题。 （1）行进间单手高手投篮的技术动作要领是什么？ （2）转身分几种？如何运用？

表7－5　篮球基本技术（体前变向运球）

	教学内容和练习手段
准备部分 20分钟	一、整队、点名、报告本课任务 二、安排见习生 三、准备活动 （一）走跑练习 学生一路纵队绕球场慢速运球3圈。 （二）原地球操 1.胸前左右手快速指拨球。 2.左右手交替抛接球。 3.左右手交替持球振臂。 4.左右手交替持球展臂。 5.头、腰、膝持球绕环。 6.胯下8字交接球。

续表

		教学内容和练习手段
准备部分 20分钟		7. 前踢腿，腿下交接球。 8. 前弓步地上前后滚球。 9. 侧弓步地上左右滚球。 （三）游戏：运球比赛 方法：学生每人一球，在场内进行运球，其中二人为追逐者，分别运球追逐其他人，被追到的人变为追逐者，继续追逐其他人。
基本部分 65分钟		四、复习双手胸前传接球技术 （一）教学任务 改进行进间传接球动作，初步学会与运球技术组合运用。 （二）练习方法 1. 运球－传球练习 方法：比如①和②各拿一球，分别运球至障碍物前传球给对侧的③和④，然后跑到③和④队尾排队，③和④以同样的方法传球给对侧的同学，依次循环往复练习。 2. 行进间传接球练习 方法：两人一组一球，行进间传接球到对侧，然后从左边传接球回来。第一组做过半场第二组开始练习。 五、学习体前变向运球技术 （一）教学任务 使学生初步掌握体前变向运球技术动作方法。 （二）教学步骤 1. 示范 突出变方向运球的按拍部位与跨腿转体动作。 2. 讲解 动作方法：以对手右侧突破为例，学生先右手向对手左侧运球，当对手向左侧移动时，突然向对手右侧变向；变向时右手按拍球的右上方，把球从自己的右侧按拍到左侧前方，同时，右脚向左前方跨出，上身左转，用肩挡住对手保护球，然后换手，左手运球，加速前进。 （三）练习方法 1. 原地体前变向运球 方法：每人一球原地运球，当听到老师信号，右手向左侧拍球，同时身体左转侧肩，右脚向左前方跨出，然后换左手交替进行练习。

续表

	教学内容和练习手段
基本部分 65分钟	2. 绕场地中线圈、两个发球线圈运球变向练习 方法：学生围绕篮球场的三个圆圈做运球，当运球到标志筒前时，做体前换手变向运球。 3. "之"字形体前换手变向运球练习 方法：学生分成两组，端线站立，每人一球，当运球在拐弯处时做体前换手变向运球，运至对侧三分线附近时，行进间单手高手投篮。 六、复习原地单手肩上投篮技术 （一）教学任务 进一步改进投篮动作，并初步学会与其他技术的组合运用。 （二）练习方法 1. 三点投篮练习 方法：每组一球，分别站在距篮约5米左右的三个投篮点同时投篮，投完篮后自抢篮板球传给同组的下一人，然后按顺时针方向排队，依次练习。 2. 接球急停投篮练习 方法：传球给一名球员后向篮下移动接另一名球员的回传球急停投篮。 七、复习行进间单手低手上篮技术 （一）教学任务 进一步改进行进间单手低手投篮技术动作。 （二）提问 行进间单手低手投篮的技术动作要领是什么？ （三）练习方法 1. 快速运球行进间单手低手投篮练习 方法：学生在一半场快速运球上篮，然后抢篮板球到另一半场排队练习。 2. 接传球行进间单手低手投篮练习 方法：学生分成两组，一组拿球，无球组第一名先跑到罚球线上侧，有球侧的第一名同学将球传给他后，快速跑动接罚球线附近同学回传球运球或直接行进间单手低手投篮，罚球线附近同学抢篮板球，两人交换位置，依次练习。 八、复习双手胸前传接球技术 （一）教学任务 改进行进间传接球动作，初步学会与运球技术组合运用。

续表

	教学内容和练习手段
基本部分 65分钟	（二）练习方法 1. 运球－传球练习 方法：①和②各拿一球，分别运球至障碍物前传球给对侧的③和④，然后跑到③和④队尾排队，③和④以同样的方法传球给对侧的同学，依次循环往复练习。 2. 行进间传接球练习 方法：两人一组一球，行进间传接球到对侧，然后从左边传球回来。第一组做过半场第二组开始练习。 九、教学比赛 （一）教学任务：通过比赛使学生学会运用已学过的技术动作。 （二）方法：五人一组，全场五对五，比赛10分钟，再换两组比赛。 （三）要求：学生大胆运用学过的技术，积极进攻，积极防守。
结束部分 5分钟	1. 放松整理运动。 2. 课程小结。 3. 布置思考题。 体前变向运球的动作要领是什么？

表7－6　篮球基本技术（低手投篮）

	教学内容和练习手段
准备部分 20分钟	一、整队、点名、报告本课任务 二、安排见习生 三、准备活动 （一）走跑练习 学生一路纵队绕球场慢速运球3圈。 （二）行进间球操 1. 胸前左右手快速指拨球。 2. 左右手交替抛接球。 3. 左右手交替持球振臂。 4. 左右手交替持球展臂。

续表

	教学内容和练习手段
准备部分 20分钟	5.头、腰、膝持球绕环。 6.胯下8字交接球。 7.前踢腿，腿下交接球。 8.前弓步地上前后滚球。 9.侧弓步地上左右滚球。 （三）游戏：传球比赛 方法：学生平均分成两组，一组传球，一组防守，一人盯一人，传球两分钟两组交换做，在规定时间内传球次数多的组为胜。
基本部分 65分钟	四、复习体前变向运球技术 （一）教学任务 进一步掌握体前变向运球技术。 （二）提问 体前变向运球技术的动作方法及动作要领，并做示范讲解。 （三）练习方法 1.Z字形体前变向运球练习 方法：二路纵队，从端线开始当听到教师信号，学生依次做体前变向运球练习，进一步体会动作。 2.障碍物前体前换手变向运球练习 方法：学生每人一球，排成一长列，两人相互间隔1米左右，①向前运球并以同学为障碍物，依次做体前变向运球练习，运球过三名同学时，②移动到①开始时的位置，其他同学依次向前一位置移动，距离不变，当①运球到⑤的位置时，站在⑤的位置上，依次反复进行练习。 五、学习反弹传接球技术 （一）教学任务 学生初步掌握单、双手反弹传接球动作方法。 （二）教学步骤 1.示范 采用侧向学生示范的形式进行，让学生看清传接球在完成过程中的发力顺序、手腕的翻转和手指的拨球，以及击地点的选择。 2.讲解 （1）持球手法：与双手胸前传接球一样。 （2）传球方法：以双手传球为例，双手持球于胸前，两脚开立。传球时，眼睛注视传球目标，双臂向前下方伸直，手腕翻转，拇指下压，食中指用力拨球并将球传出，使球通过击地反弹到同伴手中。反弹传球击地点一般在距离接球人三分之一处。

续表

	教学内容和练习手段
基本部分 65分钟	（3）接球方法：接球时向来球方向迈步，身体下蹲，两眼注视来球，两手向着地面来球方向伸出迎球，手指自然分开，两拇指呈"八"字形。当手指触球后，两臂随球顺势缓冲来球力量，移至胸腹之间，以便转换或衔接下一个动作。 （三）练习方法 1.原地单、双手反弹传接球练习 方法：学生两人一组一球，相距3—5米，面向对方站立进行传接球练习。 2.三角传接球练习 方法：学生分成三组呈三角形站立，①反弹传球给②后跑到⑧的后面，②反弹传球给③后跑到⑨的后面，③反弹传球给④后跑到⑦的后面，依次进行练习。 3.行进间双手反弹传接球练习 方法：两人一组一球跑动中反弹传接球到对侧端线，等所有同学都做完再传球返回。 六、复习原地单手肩上投篮技术 （一）教学任务 进一步巩固原地单手肩上投篮技术。 （二）练习方法 1.自投自抢练习 方法：学生每人一球，距离球篮5米左右自投自抢篮板球，两个半场同时进行。 2.向两侧45度方向移动接球投篮练习 方法：学生排成一排，第一名学生不拿球，后边的学生每人一球，（以向左侧为例）第一名学生向左侧身跑至距离球篮约5米处接第二名学生的传球投篮，自抢篮板球，第二名学生在传出球后，向右侧身跑至距离球篮约5米处接第三名同学的传球投篮，第三名学生传出球后再向左侧跑，依次进行。 七、学习滑步动作 （一）教学任务 使学生初步掌握滑步技术动作方法。 （二）教学步骤 1.示范 特别要让学生看清楚脚掌内侧的蹬地动作和跨步脚脚跟先着地动作。 2.讲解 动作方法：两脚平行站立，保持防守的基本姿势。向左侧滑步时，右脚蹬地滑动的同时，左脚向左侧迈出，落地的同时蹬地脚也随之滑动并立即蹬地，从而形成连贯动作，两脚始终保持一定的距离。

续表

	教学内容和练习手段
基本部分 65分钟	（三）练习方法 1.滑步基本姿势练习 方法：学生呈两列体操队形相对站立，模仿平步、斜步防守的基本姿势，并相互纠正。 2.慢速滑步练习 方法：呈四列体操队形，根据教师的手势或口令慢速做横滑步，斜侧滑步，前滑步，后滑步动作。 3.绕三分线滑步练习 方法：学生面向场地围绕篮球场三分线进行滑步，左右两边都要练习。 八、复习行进间单手低手投篮技术 （一）教学任务 进一步掌握行进间单手低手投篮技术动作。 （二）练习方法 1.接传球行进间单手低手投篮练习 方法：学生分成两组，一组拿球，一组不拿球，无球同学跑到罚球线附近接球，然后回传给快速跑动的同学，同学接球后运球或直接行进间单手低手投篮，传球队员抢篮板球，两人交换位置，依次练习。 2.全场行进间单手低手投篮比赛 方法：学生分成两大组站在篮下端线外，每组分别拿一球，当老师的哨声响起，两组进行全场快速运球行进间低手投篮，若投篮未中，必须补进，进球后快速抢篮板球传给下一个同伴，哪一组先进行完为胜。 九、教学比赛 （一）教学任务：通过比赛使学生学会运用已学过的技术动作。 （二）方法：五人一组，全场五对五，比赛10分钟，再换两组比赛。 （三）要求：学生合理运用所学过的技术，攻守积极。
结束部分 5分钟	1.放松整理运动。 2.课程小结。 3.布置思考题。 (1)滑步技术动作的方法及要领是什么？ (2)反弹传球击地点一般离接球人多远？

表7-7 篮球基本技术（运球投篮组合技术）

	教学内容和练习手段
准备部分 20分钟	一、整队、点名、报告本课任务 二、安排见习生 三、准备活动 （一）走跑练习：学生按一路纵队运球绕球场慢跑3圈。 （二）原地各种运球 1.高低运球。 2.单手前后运拉球。 3.单手左右运拉球。 4.左右手体前交替运拍球。 5.胯下8字交接球。 （三）游戏：传球触人 方法：两名学生为追逐者进行传球，其他学生在场内进行跑动，两名学生必须通过传球碰触其他人，被碰触到的人变为追逐者，一同继续碰触其他人。
基本部分 65分钟	四、复习滑步技术 （一）教学任务 改进滑步、撤步技术动作。 （二）提问 滑步技术动作方法及动作要领，并做示范讲解。 （三）练习方法 1.两人一组的横滑步练习 方法：学生两人一组相对站立，做好基本姿势，听到教师信号后两人同时向对侧端线滑动，滑到端线从外侧走回来，依次进行。 2."之"字形滑步练习 方法：学生呈两路纵队，①和②两人一组，相对站立，听到教师信号后两人同时进行斜侧滑步，滑向罚球线弧顶，相遇时击掌然后利用后撤步改向面朝外侧滑动，滑到中线再面朝内侧滑动，在对侧罚球线弧顶相遇击掌，再改为面朝外侧滑动，依次进行。 3.全场一对一滑步练习 方法：学生两人一组，一名学生为防守队员，另一名学生为进攻队员，防守队员利用滑步、撤步阻止进攻队员做变方向跑的行进路线。跑到端线后，两人交替攻防练习返回。 五、学习防守持球队员技术动作 （一）教学任务 使学生初步掌握防守持球队员的防守位置、身体基本姿势、防守方法。

续表

	教学内容和练习手段
基本部分 65分钟	（二）教学步骤 1. 示范 教师在右前锋位置上进行正确、规范的动作示范。让学生看清楚从防守无球队员的正确选位如何过渡到变防有球队员的正确选位及选位后的正确防守姿势、步法、距离以及防守位置。 2. 讲解 防守有球队员的基本方法如下。 （1）防守位置 当对手有球时，应站在对手与球篮之间适当的位置上，一般与对手的距离以伸手能够触到对方的球为宜。对手离球篮近则靠对手近些，对手离球篮远则离对手远些。 （2）防守姿势 防守队员的站立姿势有以下两种方法。 ①平步防守：两脚平行站立，两臂侧伸不停地挥摆，这种防守方法防守面积大，攻击性强，便于左右移动适合于防守运球和突破。 ②斜步防守：两脚前后站立，前脚同侧的手臂向前上方伸出，另一手臂侧身。这种防守姿势便于前后移动，适合防守投篮的对手。 3. 练习方法 （1）防投突的模仿练习 方法：学生四排横队站立，教师可在前面带着学生做防投突动作的模仿练习。 （2）两人一组防投突练习 方法：一人持球，一人防守，持球队员做原地投突动作，防守队员做防持球队员投突的防守动作练习。 （3）迎前选位练习 方法：队员传球给教师后，立即快速跑到教师身前呈平步防守，用碎步移动，两手不停攻击球，5秒后教师向边上抛球，防守队员立即起动抢球，抢到球后排到队尾，依次练习。 六、复习反弹传接球技术 （一）教学任务 改进反弹传接球技术动作。 （二）提问 反弹传接球的动作要领及方法。 （三）练习方法 1. 反弹传接球练习 方法：学生两人一组一球，相距3—5米，面向对方站立进行传接球练习。 2. 多人传接球练习 方法：队员多人一组，每人一球沿三分线站立。持球队员依次向篮下的无球队员传球，篮下队员接球后立即将球回传，一个循环后换另一队员进行练习。

续表

	教学内容和练习手段
基本部分 65分钟	七、复习体前变向运球和行进间单手低手投篮技术 （一）教学任务 巩固体前变向运球和行进间单手低手投篮技术动作。 （二）练习方法 1. 障碍物前体前换手变向运球上篮练习 方法：学生每人一球，在障碍物前依次做体前变向运球上篮练习，然后抢篮板球到另一半场排队练习返回。 2. 在有消极防守下做体前变向运球上篮练习 方法：全场运球一攻一防，防守人背着手，跟随滑步，不抢球，进攻者过半场后尽量运球突破对手进行行进间单手低手上篮。然后在对侧进行攻守转换练习返回。 八、教学比赛 （一）教学任务：通过比赛使学生学会运用已学过的技术动作。 （二）方法：五人一组，全场五对五，比赛10分钟，再换两组比赛。 （三）要求：学生运用所学过的技术，攻守积极。
结束部分 5分钟	1. 放松整理运动。 2. 课程小结。 3. 布置思考题。 防持球队员有几种防守姿势？应如何选位？

表7-8　篮球基本技术（实战技术）

	教学内容和练习手段
准备部分 20分钟	一、整队、点名、报告本课任务 二、安排见习生 三、准备活动 （一）运球跑练习 学生一路纵队运球绕球场慢跑3圈。 （二）游戏：传球比赛 方法：学生分成人数相等的两组，一组传球，一组防守，一人盯一人，传球两分钟两组交换做，在规定时间内传球次数多的组为胜。

续表

	教学内容和练习手段
准备部分 20分钟	（三）四角传球 方法：将学生分成四组，①持球，听到开始的口令后用双手胸前传球将球传向③，并以弧线的形式跑向对角，③要在①跑过自己的对角线时将球向他传出，①接球后向前传给⑤并跑到⑤的队尾；③传球后要从①身后向对角以弧线的形式跑动，③越过⑤的对角线时接⑤的传球，并将球向前传给⑦，然后跑到⑦的队尾，⑦接球后将球传给⑤并从⑤的后面以弧线的形式跑向对角，⑤将球传给②后跑到②的队尾，②将球传给⑦后以弧线的形式跑向对角，⑦将球传给④，并跑到④的队尾，④再将球传给②，依次进行练习。
基本部分 65分钟	四、复习滑步技术 （一）教学任务 巩固滑步技术动作。 （二）练习方法 1."之"字形滑步练习 方法：学生分成两路纵队，①和②两人一组，相对站立，听到教师信号后两人同时进行斜侧滑步，滑到罚球线弧顶，相遇时击掌然后利用后撤步改向面朝外侧滑动，滑到中线再面朝内侧滑动，在对侧罚球线弧顶相遇击掌，再改为面朝外侧滑动，依次进行练习。 2.全场一对一滑步练习 方法：学生两人一组，一名学生防守，另一名学生变向跑，防守队员双手背后，利用滑步防守，进攻队员做变方向跑行进，做到端线，两人交替攻防。 五、复习防守持球队员 （一）教学任务 使学生进一步掌握防守持球队员的防守位置、身体姿势和防守方法。 （二）提问 防持球队员动作方法及要领。 （三）练习方法 1.防守选位及动作方法的练习 方法：学生分成两大组，①传球给⑤后，立即快速跑到⑤身前呈平步防守，用碎步移动，两手不停攻击球，⑤做突破或投篮动作，一次进攻结束，两人互换位置排到队尾，依次练习。 2.半场一对一的攻防练习 方法：如①传球给⊗后摆脱接球，然后进行半场一对一的攻防练习。

续表

	教学内容和练习手段
基本部分 65分钟	六、学习防守无球队员技术动作 （一）教学任务 使学生初步掌握防守无球队员时的防守位置、身体基本姿势，防守方法。 （二）教学步骤 1.示范 让学生看清楚防守的姿势、步法，尤其防守的位置。 2.讲解 动作方法：防守队员要根据进攻队员的移动，合理地运用上步、撤步、滑步、交叉步和快跑等脚步动作，随时抢占有利的防守位置，保持正确的防守姿势，及时堵截对手摆脱移动的路线，不让对手在有利于进攻的位置上接球。 3.练习方法 (1) 防摆脱练习：学生每两人一组，①传球给⊗后摆脱防守接球，防守者△注意防守位置，尽量不让进攻者摆脱接球。5－10秒后轮换位置练习。 (2) 选位断球练习：学生五人一组，在场上进行三人传球、两人防守练习，当防守队员断到球时，传球失误者变为防守队员。 七、复习体前变向运球和行进间单手低手上篮技术 （一）教学任务 进一步巩固体前变向运球和行进间单手低手投篮技术动作。 （二）练习方法 1.体前变向运球上篮练习 方法：学生每人一球，分别运球到标志筒前做体前变向运球，然后行进间低手上篮。两个半场同时进行。 2.在有防守下做体前变向运球上篮练习 方法：全场运球一攻一防，进攻队员在防守情况下进行体前变向运球，过半场后尽量运球突破对手进行行进间单手低手上篮。然后在对侧进行攻守转换练习返回。 八、教学比赛 （一）教学任务：通过比赛提高学生运用技术的能力。 （二）方法：五人一组，全场五对五，比赛10分钟，再换两组比赛。 （三）要求：合理运用防守技术，防守积极主动。

续表

	教学内容和练习手段
结束部分 5分钟	1.放松整理运动。 2.课程小结。 3.布置思考题。 (1) 防守无球队员的动作方法及要领是什么？ (2) 通过比赛，我们收获了什么？

表7—9 篮球基本技术（实战技术）

	教学内容和练习手段
准备部分 20分钟	一、整队、点名、报告本课任务 二、安排见习生 三、准备活动 (一) 慢跑练习 学生一路纵队绕球场慢跑3圈。 (二) 原地徒手操。 (三) 伸拉韧带练习。 (四) 游戏：贴人 方法：学生两人一组挨着站成一个圆圈。选出两人进行追逐，追逐者若摸到被追逐者，那么两者互换。如果被追逐者站在一组的一侧喊道"贴"，则这一组另一侧的人成为被追逐者。
基本部分 65分钟	四、复习双手胸前传接球技术 (一) 教学任务 巩固双手胸前传接球技术动作。 (二) 练习方法 1.两人一组行进间传球上篮练习 方法：两人一组全场行进间传球上篮。 2.三人一组传接球上篮练习 方法：学生三人一组，中间学生持球，同时行进间传球上篮，行进中①传球给②，②接球后再回传给①，①再将球传给③，③再回传给①，当传到前方篮下时①要看伙伴距球篮的距离，选择传球给②还是③，或是自己上篮。 五、学习持球突破技术 (一) 教学任务 使学生初步掌握持球交叉步突破技术动作。 (二) 教学步骤 1.示范 教师站在三分线外45度角处做侧面正确、规范的示范动作，让学生看清交

续表

	教学内容和练习手段
基本部分 65分钟	叉步突破的跨步、转探及放球动作。 2.讲解 动作方法：以向右侧突破为例，突破前，面向对手两脚左右开立，稍大于肩，两膝微屈，重心在两脚之间，持球于胸腹前。突破时，左脚前脚掌内侧用力蹬地，同时上身稍右转，左肩向右前下方压，重心向右前方移动。接着左脚向右前方跨出，紧贴防守者，将球引至右侧并用右手运球，推向移动的前方，球击地后，右脚中枢脚迅速用力地加速运球突破，超越对手。 (三)练习方法 1.原地蹬、转、探、跨徒手练习 方法：学生排成四排体操队形，根据老师的信号向左、右侧做蹬、转、探、跨步徒手动作。 2.蹬、转、探、拍、运练习 方法：学生排成两排体操队形，每人一球。根据老师的口令向左侧做蹬、转、探、跨步、拍、运球前进两三步停球，然后回到原地，听到信号后再向另一侧做突破动作。 3.突破上篮练习 方法：学生面向篮板站立，依次做突破固定防守（不做防守动作）上篮练习。 六、复习防守持球队员和防守无球队员 (一)教学任务 使学生巩固防守持球队员动作方法，改进防守无球队员的防守位置、身体基本姿势，防守方法。 (二)提问 防无球队员动作方法及要领是什么？ (三)练习方法 1.防摆脱练习 方法：学生每三人一组，一人持球，其他两人一攻一防，防守者注意防守位置，进攻者想办法摆脱接球，防守者尽量不让进攻者摆脱防守接球。然后快速轮换位置练习。 2.半场一对一的攻防练习 方法：⑧传球给摆脱后的①，形成半场一对一的攻防练习。 3.半场二对二的攻防练习 方法：学生四人一组，两人进攻，两人防守。防守断球后，可直接变为进攻，投进篮算攻守结束，换下一组练习，依次进行。 七、复习体前变方向运球技术 (一)教学任务 巩固体前变向运球技术。 (二)练习方法 1.体前变向运球上篮练习

续表

	教学内容和练习手段
基本部分 65分钟	方法：学生每人一球，分别运球到障碍物前做体前变向运球，然后行进间低手上篮。两个半场同时进行。 2.半场8字体前变向运球上篮练习 方法：学生分两组在端线外，分别在各半场依次运球至障碍物前进行体前变方向运球，然后抢篮板球后排到另一侧队尾。 八、教学比赛 （一）教学任务：通过比赛提高学生运用技术的能力。 （二）方法：五人一组，全场五对五，比赛10分钟，再换两组比赛。 （三）要求：大胆运用突破技术动作。
结束部分 5分钟	1.放松整理运动。 2.课程小结。 3.布置思考题。 （1）持球突破技术动作及要领是什么？ （2）比赛时如何运用持球突破技术？

表7-10 篮球基本技术（实战技战术）

	教学内容和练习手段
准备部分 20分钟	一、整队、点名、报告本课任务 二、安排见习生 三、准备活动 （一）走跑练习 学生一路纵队运球绕球场慢跑3圈。 （二）原地各种运球 1.高低运球。 2.单手前后运拉球。 3.单手左右运拉球。 4.左右手体前交替运拍球。 5.胯下8字交接球。 （三）游戏：持球接力 方法：学生分成三组进行接力比赛。每组一个球，听到口令后每组第一人抱着一个球向前跑，绕障碍物返回把球交给下一个人，依次进行，先结束组为胜。

续表

	教学内容和练习手段
基本部分 65分钟	一、复习双手胸前传接球技术 (一)教学任务 巩固双手胸前传接球技术动作方法。 (二)练习方法 1.两人一组行进间传接球上篮练习 方法：两人一组全场行进间传接球上篮。 2.三人一组行进间传接球上篮练习 方法：学生三人一组，中间学生持球，同时行进间传球上篮，行进中①传球给②，②接球后再回传给①，①再将球传给③，③再回传给①，当传到前方篮下时，①要根据情况选择传球给②还是③，或是自己上篮。 3.三人绕8字传上篮 方法：①传球给②，然后快速从②的后面绕过去向前跑，②传球给③并绕③的后面向前跑，③传球给①，①从③的后面绕过向前跑，依次进行，一直做到对侧，然后以同样的方法练习返回。 二、学习跳起单手肩上投篮（男）、双手胸前投篮（女） (一)教学任务 使学生初步掌握跳起单手肩上投篮（男）、双手胸前投篮（女）的动作手法。 (二)教学步骤 1.示范 在罚球线上做投篮示范动作，让学生看清投篮前的持球手法和投篮时的出手动作。 2.讲解 (1)跳起单手肩上投篮：以右手投篮为例，双手持球于胸前，两脚前后或左右开立，两膝微曲，重心在两脚之间。起跳时两脚用力蹬地向上跳起，双手举球至肩上，右手托球，左手扶球。当身体接近最高点时，左手离球。右臂向前上方伸直，手腕前屈，食指、中指用力拨球使球投出。 (2)双手胸前投篮：双手持球于胸前，肘关节自然下垂，两脚左右或前后开立，两膝微屈，重心落在两脚之间，目视篮点。投篮时，两脚蹬地，腰腹伸展，两臂向前上方伸直，前臂内旋，同时两手腕向内翻转，拇指下压，食中指用力拨球使球投出。 3.练习方法 (1)原地模仿投篮练习 方法：学生按体操队形站立，做跳起单手肩上投篮（男）、双手胸前投篮（女）持球姿势，根据教师"预备——投"的口令做投篮模仿动作。 (2)两人对投练习 方法：学生每两人一球，相距4—5米相互对投，体会跳起单手肩上投篮（男）、双手胸前投篮（女）动作。

续表

	教学内容和练习手段
基本部分 65分钟	（3）近距离投篮练习 方法：学生分成两组，分别站在两个半场罚球线上依次进行跳起单手肩上投篮（男）、双手胸前投篮（女），投完篮后自抢篮板球，排到队尾。 六、复习原地持球交叉步突破技术 （一）教学任务 使学生进一步掌握持球突破技术动作方法。 （二）提问 持球突破技术动作方法及要领是什么？ （三）练习方法 1.完整动作练习 方法：学生排成体操队形，每人一球。根据老师的信号向左侧、右侧做蹬、转、探、跨步、拍、运球前进两三步停球，再向另一侧做突破动作。连续做到对侧端线，后排学生做同样动作，依次进行。 2.突破障碍练习 方法：两人一组，进攻队员持球，相距一步为防守（但不做防守动作），做交叉步突破和同侧步突破，然后交换进行攻防练习。 3.突破上篮练习 方法：学生一路面向篮板站立，依次做突破固定防守（不做防守动作）上篮练习。 七、复习防守持球队员和防守无球队员 （一）教学任务 巩固防守持球队员和防守无球队员动作方法，提高技术运用能力。 （二）练习方法 1.半场一对一攻防练习 方法：当①传球给Ⓧ后，△防①的摆脱接球，当①接到球后，△防守①的突破上篮。 2.全场一对一防无球和防有球练习 方法：一开始△防②的运球，当②传球给Ⓧ时，△防②的摆脱接球，当②接球后，△继续防②的运球突破上篮。另一边的①和△同时开始。 八、教学比赛 （一）教学任务：通过比赛提高学生合理运用技术的能力。 （二）方法：五人一组，全场五对五，比赛10分钟，再换两组比赛。 （三）要求：进攻队员大胆突破，防守队员要注意判断，合理运用防守技术。
结束部分 5分钟	1.放松整理运动。 2.课程小结。 3.布置思考题。 跳起单手肩上投篮、双手胸前投篮的动作方法及要领是什么？

表7-11 篮球基本技术（传切配合）

	教学内容和练习手段
准备部分 20分钟	一、整队、点名、报告本课任务 二、安排见习生 三、准备活动 （一）走跑练习 学生一路纵队绕球场慢速运球3圈。 （二）行进间球操 1.持球头部绕环。 2.头顶左右手快速指拨球。 3.胸前左右手快速指拨球。 4.持球腰部绕环。 5.持球膝部绕环。 6.胯下8字交接球。 7.前踢腿，腿下交接球。 （三）游戏：传接球上篮比赛 方法：学生分成两组，每组一球，各在两个半场上进行传接球上篮比赛。①传球给②然后接②的回传球运球上篮，②抢篮板球传球给③，③传球给④，以同样的方法上篮，①和②交换位置排到队尾，依次进行。两组在两个半场同时开始练习，先投进20个球的组为胜。
基本部分 65分钟	四、复习持球突破技术 （一）教学任务 使学生巩固持球突破技术动作方法。 （二）练习方法 1.突破上篮练习 方法：学生一路面向篮板站立，依次做突破固定防守（不做防守动作）上篮练习。 2.移动接球急停突破练习 方法：①将球传给助攻者④后向篮下移动，接④回传球后突破上篮，依次进行。 五、学习传切配合 （一）教学任务 使学生初步掌握传切配合方法。 （二）教学步骤 1.示范 通过沙盘演示后，教师一边讲解，一边结合学生进行纵切和横切配合方法示范。 2.讲解 （1）配合方法：①将球传给②后，突然变向起动侧身跑，摆脱防守人的防守，切入篮下接②的回传球上篮。

续表

	教学内容和练习手段
基本部分 65分钟	(2) 配合要求：切入队员利用下压靠近防守，突然变向起动侧身跑摆脱并超越防守队员。传球队员传球及时准确，隐蔽到位。 3. 练习方法 (1) 传球切入跑练习 方法：①传球给②后变向侧身跑纵向切入篮下，②将球传给③，用同样的方法做横向切入篮下，③传球给④，依次循环练习。 (2) 横切上篮练习 方法：①传球给②后做向下跑假动作，然后变向侧身跑，切入篮下接②的回传球上篮，②抢篮板球排到①的队尾，①到②的队尾排队。 六、复习跳起单手肩上投篮（男）、双手胸前投篮（女）技术 (一) 教学任务 改进跳起单手肩上投篮（男）、双手胸前投篮（女）的动作手法。 (二) 提问 跳起单手肩上投篮、双手胸前投篮的动作方法及要领是什么？ (三) 练习方法 1. 两人对投练习 方法：如学生每两人一球，相距4—5米相互对投，体会跳起单手肩上投篮（男）、双手胸前投篮（女）动作。 2. 三点投篮练习 方法：学生分成三组，每人一球，距篮5米左右，进行跳起单手肩上投篮（男）、双手胸前投篮（女）练习，①组投完后到④组后排队，④组投完后到⑦组后排队，⑦组到①队排队，依次进行。 七、复习防守持球队员和防守无球队员 (一) 教学任务 巩固防守持球队员和防守无球队员动作方法，提高技术运用能力。 (二) 练习方法 1. 半场一对一攻防练习 方法：当①传球给⊗后，△防①的摆脱接球，当①接到球后，△防守①的突破上篮。 2. 全场一对一防无球和防有球练习 方法：一开始△防①的运球，当①传球给⊗时，△防①的摆脱接球，当①接球后，△继续防①的运球突破上篮。

续表

	教学内容和练习手段
基本部分 65分钟	八、教学比赛 (一) 教学任务：通过比赛提高学生合理运用技术的能力。 (二) 方法：五人一组，全场五对五，比赛10分钟，再换两组比赛。 (三) 要求：进攻队员大胆运用突破技术，合理运用传切配合，防守队员积极防守。
结束部分 5分钟	1. 放松整理运动。 2. 课程小结。 3. 布置思考题。 (1) 传切配合的方法要点是什么？ (2) 传切配合对切入人及传球人有什么要求？

表7—12 篮球技术分析 （战术）

| 教学主要内容 | 一、篮球技术概述
(一) 基本定义
篮球技术是指在篮球比赛中，运动员为达到战胜对手的目的，合理有效地运用各种进攻与防守的专门动作方法的总称。
(二) 篮球技术的作用
篮球技术是篮球比赛的基本手段，也是运动员比赛行为的核心。在比赛中，队员的智慧、技能、应变能力、作风和创造力都是通过篮球技术在对抗中集中表现出来的，它是运动员竞技水平最显著的标志。
(三) 篮球技术的分类
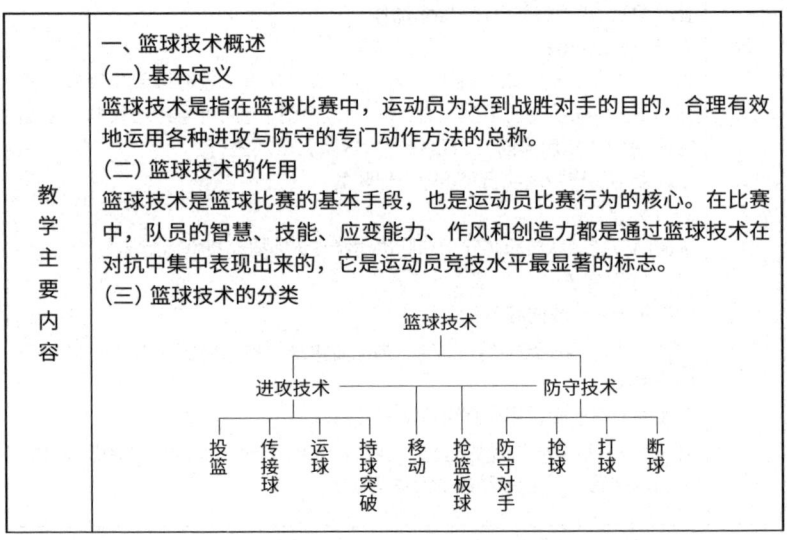 |

续表

教学主要内容	二、篮球主要技术动作分析 （一）移动技术 1.定义与作用 移动是队员在比赛中为了改变速度、方向、位置和高度所采用的各种脚部动作的通称。移动是篮球技术的一个重要组成部分，也是学习和运用其他各项技术的基础。 2.动作结构 主要是以下肢踝、膝、髋关节为轴的多个不同动作，加之上肢配合动作所组成。 3.技术关键 重心的转移能力和腿部的蹬跨以及保持身体平衡的能力，是掌握移动技术的关键。 4.主要动作方法及要点 (1) 跑动：变速跑、变向跑、侧身跑。 (2) 跳动：双脚跳、单脚跳（原地跳、助跑起跳）。 (3) 急停：跨步急停、跳停。 (4) 转身：前转身、后转身（原地、行进间）。 (5) 步法：跨步、滑步、后撤步、绕前步、攻击步、碎步。 （二）传、接球技术 1.定义与作用 传球是篮球比赛中进攻队员有目的地转移球的方法；接球是比赛中获得球的主要动作方法，也是抢篮板球和断球的基础。 传、接球是进攻队员之间相互连接的主要手段，也是比赛中运用最多的一项技术。也是全队战术组织的纽带和桥梁。 2.传球技术的动作结构及要点 传球技术的动作结构从一个传球过程来看，都是由四个环节组成：(1) 持球动作；(2) 传球手法；(3) 球的飞行；(4) 球的落点。其中，传球手法是关键，它决定球的飞行路线、速度和球的落点。 3.接球技术的动作结构及要点 接球动作可分为双手接球和单手接球两种，就其动作结构来讲，都由接球手形和接球手法组成。接球手法是接球技术动作的主要环节。

续表

教学主要内容	(三) 投篮技术 1. 定义与作用 投篮是进攻队员为了将球从篮圈上投入篮筐而采用的各种专门动作方法的总称。 投篮是篮球运动的主要进攻技术，是得分的唯一手段，一切技术、战术运用的目的，都是为了创造更多、更好的投篮机会，力争投中得分。 2. 技术分类 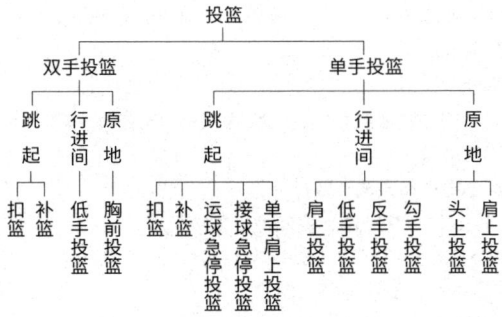 3. 动作结构 投篮技术动作方法很多，其动作结构可分为：持球动作、出球动作和结束动作等三个环节。跳投的动作结构可分为：起跳举球—空中平衡—出手动作—落地动作四个环节。 4. 影响投篮的基本要素 (1) 瞄篮点：是指投篮时眼睛注视篮圈或篮板的某一点。 (2) 球的旋转：一般中、远距离不碰板投篮时，大都是使球围绕横轴向后旋转，这样易于加大球的飞行弧线，从而增大入射截面。 (3) 投射角：即出手点的切线与水平面的夹角。 (4) 抛物线：投篮时球出手后在空间飞行过程中受重力的影响而形成的一条弧线轨迹。 (5) 入篮角：球入篮点的切线与水平面的夹角。 (四) 运球技术 1. 定义与作用 运球是持球队员用单手连续按拍从地面反弹起来的球以达到进攻目的而采用的一项技术动作。

续表

教学主要内容	在比赛中合理地运用运球技术能有效地发挥持球队员的个人攻击性，也是组织全队战术配合的一项重要技术手段和方法。 2. 技术分类 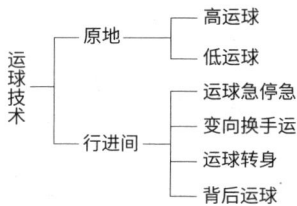 3. 动作结构 （1）运球技术的动作结构，一般包括身体姿势、手部动作、球的落点和手脚协调配合四个环节。 （2）运球技术的关键是：手对球的控制与支配能力，脚步移动的熟练程度及手、脚、身体三者的协调配合。 （五）持球突破 1. 定义与作用 是持球队员利用灵活合理的脚步动作和逼真的假动作，结合运球去超越、摆脱对手的一种攻击性很强的技术。 2. 技术分类 持球突破可分为原地持球突破和接球急停突破两种。按其步法又主要分为交叉步、同侧步两种。 3. 动作结构 持球突破的动作结构由：蹬跨、转体探肩、放球和加速等四个环节组成。 （六）防守对手 1. 定义与作用 防守对手是指防守队员为阻挠对手进攻，运用脚步移动和手臂动作，积极抢占有利位置，以达到争夺控制球权为目的所采用的各种专门动作方法的总称。 2. 技术分类 包括防守无球队员和防守有球队员。 3. 技术结构 由防守的基本动作、位置的选择和防守行动等三部分组成。 （1）基本动作：包括防守姿势、防守步法和手部动作。

续表

教学主要内容	(2) 位置选择：包括防守位置、防守距离、防守站位。 (3) 防守行动：包括防运球、防突破、防传球、防投篮、防摆脱、防空切、防接球等。 （七）抢篮板球 1.定义与作用 比赛中双方队员争抢投篮未中从篮板或篮圈反弹的球称为抢篮板球。篮板球的争夺是获得控制球权的重要来源之一，是攻守转化的关键。 2.技术分类 包括抢进攻篮板球和抢防守篮板球两种。 3.动作结构 由抢占位置、起跳动作、抢球动作、获球后的动作等四个环节组成。 三、篮球战术概述 （一）篮球战术的概念 篮球战术是篮球比赛中队员和队员之间有策略、有组织、有意识地协同运用技术进行攻守对抗的布阵行动，是以篮球技术为基础，在一定的战术指导思想和战术意识支配下的集体攻守方法。 （二）篮球战术的分类 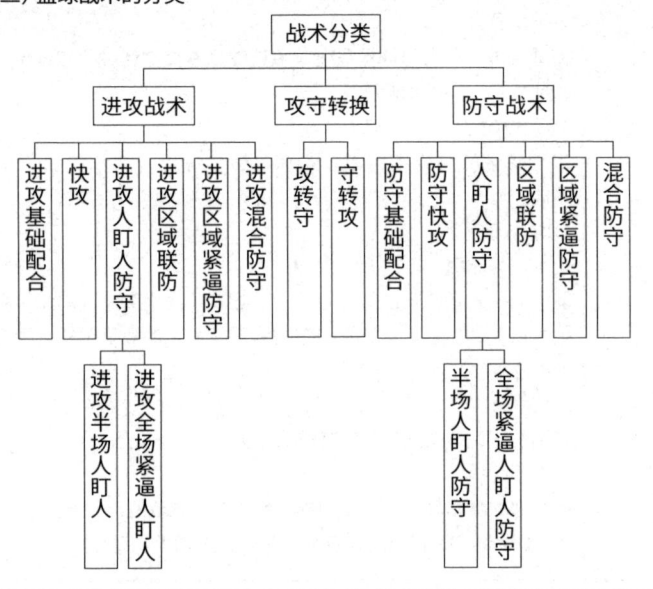

续表

| 教学主要内容 | （三）战术基础配合
概念：战术基础配合是两三人之间有目的、有组织地协同作战的简单攻守配合方法。
作用：运动员在场上捕捉或利用不同时机、不同人员位置、不同路线、不同动作、不同节奏，相互协同行动、相互配合、相互帮助，创造机会，以达到预定的攻守目的。它是组成全队攻守战术的基础。
1.进攻基础配合
（1）定义：进攻基础配合是指进攻队员两三人之间为了创造攻击机会，合理运用技术而组成的配合方法。
（2）种类：包括传切配合、掩护配合、突分配合和策应配合。
①传切配合
●概念：是进攻队员之间利用传球和切入技术所组成的简单配合，包括一传一切配合（如图7－6）和空切配合（如图7－7）。随着现代篮球向高空技术和技巧的方向发展，具有配合简洁、突然、攻击性强的吊扣、一传一扣和空切与空中接球直接扣篮配合也是比赛中经常使用的配合方法。
●方法：一传一切配合，①传球给②后，立即摆脱对手向篮下切入，接②的回传球；空切配合，①传球给③，②立即摆脱对手空切篮下接③的回传球上篮。
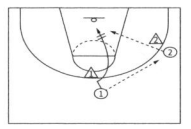 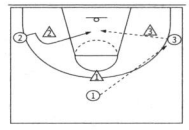
图7－6 一传一切配合　　图7－7 空切配合
●要求如下。
A.队员配合的距离要拉开，切入路线要合理。
B.切入队员要利用假动作迷惑对手，掌握好摆脱时机，切入时紧贴对手，动作快速突然。
C.传球队员动作要隐蔽，传球及时准确。
②掩护配合
●概念：掩护配合（如图7－8、图7－9、图7－10）是进攻队员采取合理的身体动作，用自己的身体挡住同伴防守者的移动路线，使同伴得以摆脱防守，创造接球投篮或进攻机会的一种配合方法。 |

续表

教学主要内容	●方法：侧掩护，①传球给②，然后跑给②做侧掩护，②利用掩护突破上篮。 后掩护，进攻队员③给②做后掩护，②利用掩护跑向有利位置接①的传球。 前掩护，③给②做前掩护，挡住防守者②的路线，进攻②利用掩护接①的传球。 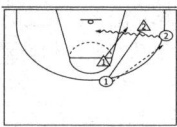 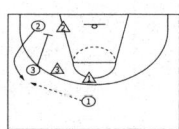 图7-8 侧掩护　　图7-9 后掩护　　图7-10 前掩护 ●要求如下。 A.掩护时身体的姿势要正确，两脚开立，上身稍前倾，两手屈肘放于体侧或胸前，距离要适当，掩护时身体保持静止，避免掩护犯规。 B.掩护时摆脱队员要用投篮和压切等动作，诱使对手接近自己并吸引对手的注意力，为配合创造有利条件。 C.掩护时同伴之间的配合应掌握好配合时机及其变化方法。 D.组织掩护配合时要创造中投和突破机会，要注意与内线进攻相结合。 ③突分配合 ●概念：突分配合（如图7-11）是指持球队员突破对手之后，遇到对方补防或"关门"时，及时将球传给进攻时机最好的同伴进行攻击的一种配合方法。 ●方法：①从防守左侧突破，遇到防守的夹击，此时②及时跑到有利位置，接①的传球上篮。 ●要求： A.突破队员突破时要突然、快速，在突破过程中在准备投篮的同时要观察攻防队员位置的变化，及时准确地传球。 B.接球队员把握时机，及时摆脱对手，迅速抢占有利位置接球投篮。 ④策应配合 ●概念：策应配合（如图7-12）是指进攻队员背对或侧对球篮接球后，与同伴的空切或绕切相结合，借以摆脱防守，创造各种进攻机会的一种配合方法。 ●方法：①摆脱防守插到罚球线做策应，②将球传给①，并立即空切篮下，接①的策应传球投篮。 ●要求如下。 A.策应队员要突然起动摆脱对手占据有利位置，接球时两脚开立，两膝弯曲，两肘外展，用身体保护球。同时注意观察场上攻、防的变化，及时将球传给进攻机会最好的同伴投篮或自己进攻。 B.外围传球队员要根据策应者的位置和机会，及时准确地传球给策应队员，做到人到球到，传球后迅速摆脱防守切入篮下，创造进攻机会。

续表

教学主要内容	
	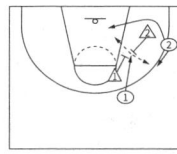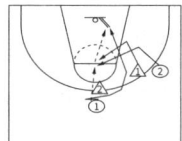

图7－11 突分配合　　　图7－12 策应配合

2.防守基础配合
(1) 定义：是指防守队员之间为了破坏对方进攻配合或同伴防守出现困难时及时协作的配合方法。
(2) 分类：包括关门配合、夹击配合、补防配合、挤过配合、穿过配合、绕过配合和交换防守配合等。
①交换防守配合
● 概念：交换防守配合（如图7－13）是防守队员之间为了破坏进攻队员间的掩护配合，通过及时地相互呼应，行动一致地交换自己的防守人的一种防守基础配合方法。
● 方法：①传球给②，然后给②做掩护，②运球突破，△发出换防信号防②，△防①。
● 要求：交换防守时，防守掩护者的队员要主动发出换人信号，两防守队员要到位交换，及时换防。
②关门配合
● 概念：关门配合（如图7－14）是临近的两个防守队员协同防守突破的配合方法。当进攻队员运球突破时，防守突破的队员向侧后方移动挡住其移动路线，临近突破一侧的防守队员，应及时快速地向突破队员的前进方向移动，与突破队员靠拢，像两扇门一样关起来，堵住突破者的前进路线。
● 方法：①传球给②，②运球向篮下突破时，△向△靠拢并与△"关门"堵截②。
● 要求：防守队员积极堵截进攻突破路线，临近突破一侧的防守队员及时向同伴选拔进行"关门"。

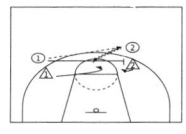 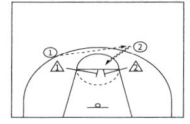

图7－13 交换防守配合　　　图7－14 关门配合

③挤过配合、穿过配合、绕过配合
● 概念：挤过配合、穿过配合、绕过配合（如图7－15、图7－16、图7－17） |

续表

教学主要内容	也是用于破坏对手掩护配合的积极有效的方法之一。在对手进行掩护配合时，如果不考虑换防后的结果，一味地采取换防配合，有时会在个人防守的力量上造成失衡，例如造成小个防大个，体重小的防体重大的等局面。为了能有效地避免这一局面的产生，在防守时通常采用挤过、穿过、绕过等配合来继续对原来的防守人进行防守。 ● 方法：①给②传球，③给②做掩护，△从③前挤过，继续从①的后面绕过，防守②；△继续防守②，③给②做掩护，△从③和①之间穿过，继续防守②；△继续防守②，△从③和①前方绕过，继续防守②。 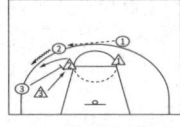  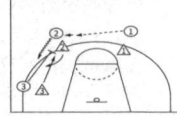 图7-15 挤过配合　图7-16 穿过配合　图7-17 绕过配合 ● 要求如下： A.挤过时，要贴近进攻者，上前侧抢步动作要及时、迅速、有力。 B.穿过时，防守掩护的队员及时提醒同伴并主动让路，穿过队员要迅速穿过，并调整防守距离。 C.绕过时，防守者要及时提醒同伴，并贴近自己的对手，绕队员要及时调整位置和距离。 (四) 快攻 1.概念：快攻是由防守转入进攻时以最快的速度将球推进至前场，争取造成人数上和位置上的优势与主动，果断合理进行攻击的一种进攻战术。其特点是速度快，攻其不备，是现代进攻战术中最锐利的武器，也是最重要的反击得分手段。 2.快攻时机：篮板球、抢断球、端线球、跳球（很少）。 3.快攻的结构：快攻是由发动与接应、推进、结束三个阶段组成。 4.快攻的类型（如图7-18、图7-19、图7-20）。 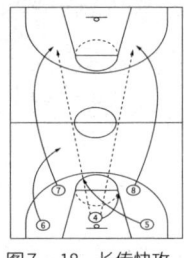 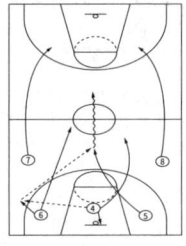 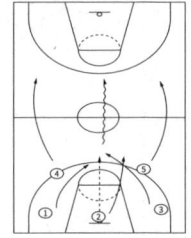 图7-18 长传快攻　图7-19 短传结合运球的快攻　图7-20 运球突破快攻

教学主要内容	(五) 半场人盯人防守 1. 概念 每个防守队员在半场规定的区域内盯住一个进攻队员并协助同伴进行集体防守的战术。 2. 分类 这是以防人为主的战术，有缩小(松动)盯人和扩大（紧逼）盯人之分。 3. 半场人盯人防守的基本要求 (1) 由攻转守快速退回后场，各自盯住自己的对手，组成集体防守。 (2) 根据对手与球、球篮的关系，选择有利的位置，有球紧，无球松，近球紧，远球松，近篮紧，远篮松，有效地控制对手。 (3) 做到人、球、区兼顾，加强集体性防守。 4. 半场人盯人防守的方法 (1) 根据以人为主的防守原则，加强个人防守。 (2) 根据人、球、篮关系的原则，及时选调位。 (3) 根据人、球、区的原则：强侧区（有球区）要控制球和人，弱侧区（无球区）要控制区和对方配合。 (六) 进攻半场人盯人防守 1. 概念 由各种传切、突分、掩护、策应等基础配合组成的全队战术，以对付各种不同类型的半场人盯人防守。 2. 基本要求 (1) 合理落位，加快与阵地进攻的衔接速度。 (2) 要运用进攻的基础配合及进攻技术，组织进攻，要左右、前后、内外、球动人动，扩大攻击面，增多攻击点。 (3) 进攻要有针对性，目的性，全队思想统一，目标和行动一致，讲究动作及配合节奏，提高攻击效果。 (4) 组织好前场篮板球，注意攻守平衡。 3. 战术方法 主要落位（如图7－21、图7－22、图7－23）。 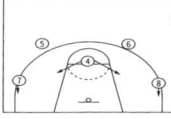 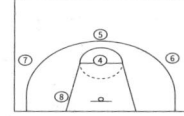 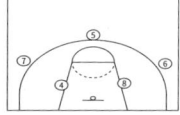 图7－21 落位一　　图7－22 落位二　　图7－23 落位三 进攻方法（如图7－24、图7－25）。  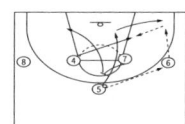 图7－24 进攻一　　图7－25 进攻二

续表

教学主要内容	
	（七）区域联防防守战术 1. 概念 攻转守时，快速退回后场，每人按分工防守一定区域，用一定的队形把每个防区有机地联系起来，组成区域联防战术。 2. 基本要求 （1）快退守快布阵，积极防守进入防区的进攻队员，并与同伴协同配合，联合防守。 （2）要以防球为主，有球上顶，无球后缩；随着球的转移调整防守位置，做到球到人到。 （3）对向球移动的进攻队员要先堵防或卡位追防队员，之后将球送到同队友手中，对背球移动的进攻队员要用调整位置来控制他，严防对方内线接球。 （4）每个防守队员除完成自己防区的防守任务外，还要协同同伴防守。加强防守的整体性。 （5）防守要有伸缩性和攻击性，不失时机地进行死角、死球夹击，变被动为主动。 3. 战术方法 主要阵式（如图7－26、图7－27、图7－28）。 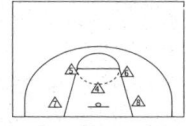　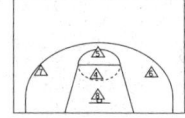 图7－26　2－1－2联防　　图7－27　2－3联防　　图7－28　1－3－1联防 **（八）进攻区域联防** 1. 概念 是针对区域联防的特点、阵形和变化所采用的进攻方法。 2. 基本要求 （1）提高守转攻的速度，打对方立足未稳。 （2）根据联防队形的特点，针对薄弱环节进攻。 （3）运用球动、人动的快速转移，形成局部地区人数上的优势以多打少。 （4）运用背向插入或突破分球进行攻击。 （5）组织好前场篮板球二次进攻，并保持攻守平衡。 3. 战术方法 落位队形（如图7－29、图7－30、图7－31）。 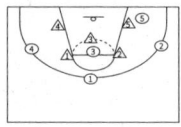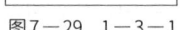 图7－29　1－3－1　　图7－30　2－1－2　　图7－31　1－2－2

续表

教学主要内容	进攻方法（如图7－32、图7－33）。 图7－32　1－3－1进攻　　　图7－33　2－2－1进攻
组织教法	1.运用多媒体课件进行讲解与分析。 2.以教师讲授为主，辅以启发式提问。
课堂小结	1.总结本课学习的主要内容。 2.布置思考题。 （1）影响投篮命中率的因素是什么？ （2）运球技术的关键是什么？ （3）传球包括哪几个环节？ （4）持球突破的动作结构是怎样的？ （5）如何选择防守持球队员和防守无球队员的位置和距离？ （6）传切、掩护、交换防守配合方法与要求是什么？ （7）快攻由几个阶段组成？快攻发动时机都有哪些？

表7－13　篮球基本技术（突破投篮组合）

	教学内容和练习手段
准备部分 20分钟	一、整队、点名、报告本课任务 二、安排见习生 三、准备活动 （一）慢跑运球 学生一路纵队绕球场慢速运球3圈。 （二）原地徒手体操、拉韧带 （三）游戏：老鹰捉小鸡 方法：全班同学在全场区域内（如图7－34），纵队扶着前一名同学的腰排成一列，排头为"母鸡"，其他为"小鸡"，出来一名同学为"老鹰"，"老鹰"抱着篮球，通过球触碰到区域内的"小鸡"，被触到的小鸡就要出局，直到所有"小鸡"都出局为结束。"母鸡"要阻碍"老鹰"触及"小鸡"。 图7－34　老鹰捉小鸡

续表

	教学内容和练习手段
基本部分 65分钟	四、复习持球交叉步突破和行进间单手低手投篮技术 (一) 教学任务 提高交叉步突破和行进间单手低手投篮技术动作的运用能力。 (二) 练习方法 1. 接球急停突破上篮练习（如图7－35） 方法：②传球给①后向前移动接①的回传球急停交叉步（同侧步）突破上篮，①抢篮板到⑥后面排队，②到⑤后面排队，依次练习。 方法：两人一组，①持球突破上篮，△防守，投完篮后两人交换攻守排到队尾，依次进行练习。 2. 半场一对一突破上篮练习（如图7－36） 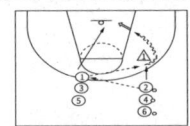 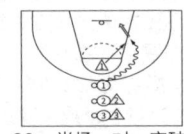 图7－35 接球急停突破上篮 图7－36 半场一对一突破上篮 五、复习传切配合 (一) 教学任务 使学生进一步掌握传切配合方法。 (二) 练习方法 1. 纵切上篮练习（如图7－37） 方法：①传球给②后做向左跑的假动作，然后变向侧身跑切入篮下接②的回传球上篮，①抢篮板球排到①的队尾，①到②的队尾排队。 2. 横切上篮练习（如图7－38） 方法：①传球给②后做向下跑假动作，然后变向侧身跑切入篮下接②的回传球上篮；②抢篮板球排到①的队尾，①到②的队尾排队。 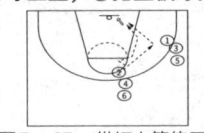 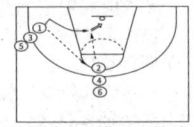 图7－37 纵切上篮练习 图7－38 横切上篮练习 六、学习掩护配合 (一) 教学任务 初步掌握给无球队员做侧掩护的配合方法，明确配合的位置、距离、路线与时机。 (二) 教学步骤 1. 示范 沙盘演示侧掩护、前掩护、后掩护的配合方法，并结合学生进行走摆配合的演示。

教学内容和练习手段	
基本部分 65分钟	2.讲解 (1)配合方法：侧掩护是比赛中最为常用的掩护方法之一，是掩护队员站在同伴的防守者的侧面，用身体挡住防守队员的路线，使同伴借机摆脱防守接球进行攻击。 如图7－39所示，⑤传球给④后，即向相反的方向 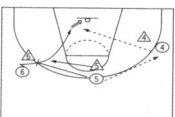图7－39 侧掩护 跑动给⑥做掩护，当⑤跑到⑥侧面掩护时，⑥摆脱防守切入篮下接④的传球投篮。 (2)配合要求：掩护队员要用隐蔽动作移向被掩护者，接受掩护的队员在同伴来掩护时要用假动作吸引摆脱防守队员，掩护配合是同伴之间必须做到"吸、停、切"。 3.练习方法 (1)徒手连续掩护练习（如图7－40） 方法：⑤给①做掩护，①切入到篮下后再去给⑥做掩护，⑥切入到篮下后再去给②做掩护，依次进行练习。①练习完后到⑦后面排队，⑤到①后面排队。 (2)掩护持球突破上篮练习（如图7－41） 方法：⑤传球给①后，接着给①做侧掩护，①持球突破切入上篮，①自己抢篮板球排到⑧后面；⑤到④后面排队，依次循环练习。 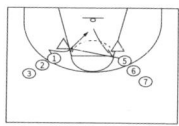 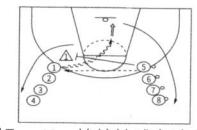 图7－40 徒手连续掩护　　图7－41 掩护持球突破上篮 七、复习跳起单手肩上投篮（男）、双手胸前投篮（女） (一)教学任务 使学生巩固跳起单手肩上投篮（男）、双手胸前投篮（女）动作手法。 (二)练习方法 1.三点投篮练习（如图7－42） 方法：学生分成三组，每人一球，距篮5米左右，进行跳起单手肩上投篮（男）、双手胸前投篮（女）练习，①投完后到④后排队，④投完后到⑦后排队，⑦到①后排队，依次进行。 2.移动中罚球线两侧的投篮练习（如图7－43） 方法：学生分两路纵队持球于端线外侧，只有①不持球，从底线跑向罚

续表

	教学内容和练习手段
基本部分 65分钟	球线的另一侧接③的球进行跳起单手肩上投篮（男）、双手胸前投篮（女），③传球后跑向罚球线的另一侧接②的传球跳起单手肩上投篮（男）、双手胸前投篮（女），依次进行。 图7－42　三点投篮　　　　图7－43　移动中罚球线两侧的投篮 八、教学比赛 （一）教学任务：通过比赛提高学生合理运用技术的能力。 （二）方法：五人一组，全场五对五，比赛10分钟，再换两组比赛。 （三）要求：进攻队员合理运用进攻基础配合进行进攻，防守队员积极防守。
结束部分 5分钟	1. 放松整理运动。 2. 课程小结。 3. 布置思考题。 (1) 掩护配合的方法要点是什么？ (2) 掩护配合对掩护人和被掩护人有什么要求？

表7－14　篮球基本技术（技战术配合）

	教学内容和练习手段
准备部分 20分钟	一、整队、点名、报告本课任务 二、安排见习生 三、准备活动 （一）慢跑 学生一路纵队绕球场慢速运球3圈。 （二）原地球操 （三）游戏：运球追拍 方法：学生分散在场内每人一球进行运球，选出二人为追拍者，边运球边追逐场内运球躲避的同学，被追拍到的同学改为追拍者。

续表

	教学内容和练习手段
基本部分 65 分钟	四、复习双手胸前传接球技术 (一)教学任务 巩固双手胸前传接球技术动作,提高组合运用技术的能力。 (二)练习方法 1. 三人绕8字传球上篮练习(如图7-44) 方法:①传球给②,然后快速从②的后面绕过去向前跑,②传球给③并绕③的后面向前跑,③传球给①从③的后面绕过向前跑,依次进行,一直做到对侧,然后以同样的方法练习返回。 2. 运球——传接球上篮练习(如图7-45) 方法:①向前运球5米左右传球给⊗,然后加速向前跑接⊗的回传球,再传球给③然后接③的回传球上篮,①投完篮后排到③的后面,③抢篮板球后排到⑥的后面,⑤以同样的方法从另一侧同时开始,各点以逆时针方向换位。 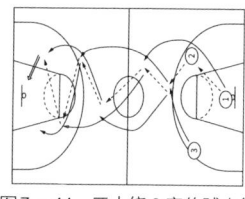 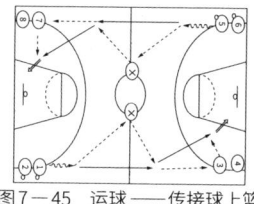 图7-44 三人绕8字传球上篮　　图7-45 运球——传接球上篮 五、复习传切配合 (一)教学任务 使学生进一步掌握传切配合方法和时机,并学会在有防守情况下的运用。 (二)练习方法 1. 纵切、横切练习(如图7-46) 方法:学生分三组站位,①、②组每人持一球,①传球给③后,向左侧做摆脱假动作,随后迅速从右侧切入接②的传球投篮,②传球后,做摆脱假动作,随后迅速横切③的传球上篮,①、③抢篮板球,各组按逆时针方向轮转换位,依次进行练习。 2. 防守下的传切配合练习(如图7-47) 方法:学生在半场内进行有防守的传切配合练习,①、②可运用传切或纵切进行进攻,△₁、△₂防守,①、②投进篮后快速回来防守③和④,△₁、△₂抢篮板球后持球排到队尾,依次进行练习。 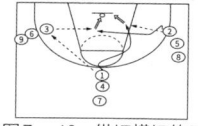 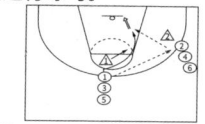 图7-46 纵切横切练习　　图7-47 防守下的传切配合

续表

	教学内容和练习手段
基本部分 65分钟	六、复习掩护配合 （一）教学任务 进一步掌握掩护的配合方法，明确配合的位置、距离、路线与时机。 （二）练习方法 1.掩护持球突破上篮练习（如图7－48） 方法：⑤传球给①后，接着给①做侧掩护，①持球突破切入上篮，①自己抢篮板球站到⑦后面，如此依次循环练习。 2.掩护切入接球上篮练习（如图7－49） 方法：①传球给⑤，⑤传球给⑨后给①做侧掩护，此时①切入篮下接⑨的传球上篮，队员按逆时针排到下一组，依次循环练习。 图7－48 掩护持球突破上篮　　　图7－49 掩护切入接球上篮 七、学习交换防守配合（如图7－50） （一）教学任务 使学生初步掌握交换防守的配合方法。 （二）教学步骤 1．示范 沙盘演示交换防守的配合方法，并结合学生进行走摆配合演示。 图7－50 交换防守配合 2．讲解 (1) 配合方法：当⑤传球给⑥，④给⑤做侧掩护时，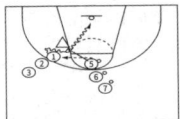积极跟进④移动，并发信号通知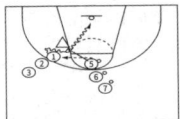进行掩护，当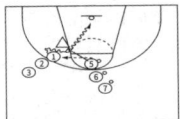被挡住时，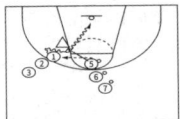撤步抢位防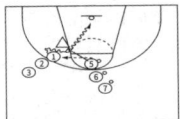，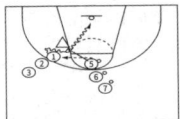上步抢位防守⑤。 (2) 配合要点：④掩护时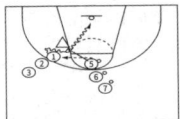积极随④移动，并且告知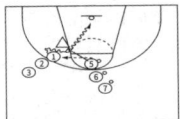对方进行掩护，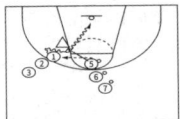发出换人信号时，立即上步抢位堵⑤的移动路线，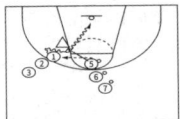听到换人信号时立即撤左脚面向对手④，滑步抢位防止④空切篮下。 3．练习方法 (1) 换人动作练习（如图7－51） 方法：进攻队员①给②做掩护但不切入，防守队员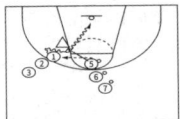和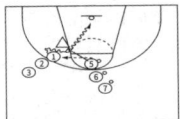进行换防。一次完之后①和②变防守，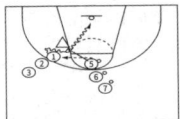和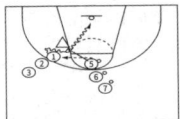到队尾排队。 (2) 正常掩护下的交换防守练习（如图7－52） 方法：②传球给①，然后去给①做掩护，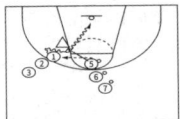和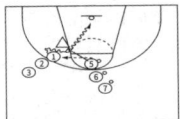做交换防守。一次练完之后①和②变防守，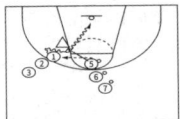和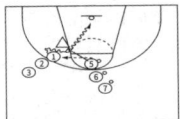到队尾排队。

续表

	教学内容和练习手段
基本部分 65分钟	 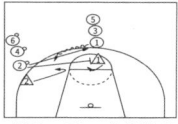 图7-51 换人动作 图7-52 交换防守 八、复习跳起单手肩上（男）、双手胸前（女）投篮技术 （一）教学任务 提高投篮准确性。 （二）练习方法 1.罚球线跳起单手肩上（男）、双手胸前（女）投篮练习（如图7-53） 方法：每人一球站在罚球线上依次进行跳起单手肩上（男）、双手胸前（女）投篮。 2.移动接球急停跳起单手肩上（男）、双手胸前（女）投篮练习（如图7-54） 方法：学生分成两组，①移动到底线接④的传球进行跳起单手肩上（男）、双手胸前（女）投篮，④传完球后移动到罚球线附近接②的传球投篮，②传完球后再移动到底线接球投篮，依次进行。 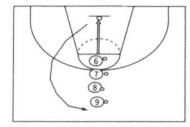 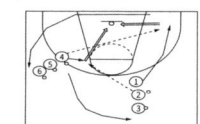 图7-53 罚球线跳起 图7-54 移动接球急停跳起 九、教学比赛 （一）教学任务：通过比赛提高学生合理运用技、战术的能力。 （二）方法：五人一组，全场五对五，比赛10分钟，再换两组比赛。 （三）要求：攻守队员合理运用各种基础配合进行攻守。
结束部分 5分钟	1.放松整理运动。 2.课程小结。 3.布置思考题。 交换防守配合的方法要点是什么？

表 7－15　篮球基本技术（技、战术配合）

	教学内容和练习手段
准备部分 20分钟	一、整队、点名、报告本课任务 二、安排见习生 三、准备活动 （一）慢跑 学生一路纵队绕球场慢跑 3 圈。 （二）原地活动 原地徒手操、拉韧带。 图 7－55　四角传球 （三）四角传球（如图 7－55） 方法：将学生分成 4 组，①持球，听到开始的口令后用双手胸前传球将球传向③，并以弧线的形式跑向对角，③要在①跑过自己的对角线时将球向他传出，①接球后向前传给⑤并跑到⑤的队尾；③传球后要从①身后向对角以弧线的形式跑动，⑤越过⑤的对角线时接⑤的传球，并将球向前传给⑦，然后跑到⑦的队尾，依次进行。
基本部分 65分钟	四、复习双手胸前传接球技术和体前变向运球 （一）教学任务 巩固双手胸前传接球和体前变向运球技术动作，提高完成动作的质量。 （二）练习方法 1. 2 人双手胸前传接球上篮练习 方法：两人一组一球传球上篮，然后在对侧传球返回。 2. 全场 8 字体前变向运球上篮练习（如图 7－56） 图 7－56　全场 8 字体前变向运球上篮 方法：学生分两组在端线外，运球至△和△前进行体前变向运球上篮，然后抢篮板球以同样方法运球返回，依次进行练习。 五、复习掩护配合和交换防守配合 （一）教学任务 进一步掌握掩护配合和交换防守配合的方法和时机。 （二）练习方法 1. 换人动作练习（如图 7－57） 方法：①给②做掩护但不切入，△和△交换防守，一次练完后进攻队员变防守队员，防守队员排到队尾，依次练习。

续表

	教学内容和练习手段
基本部分 65分钟	2.掩护配合和交换防守配合练习（如图7－58） 方法：四人一组，半场二对二，进攻队员进行掩护，防守队员交换防守，进攻队员投进篮练习结束，防守队员抢到篮板球攻守转换，继续练习，直到投进篮练习结束，换下一组练习。 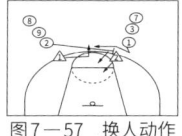  图7－57　换人动作　　图7－58　掩护配合和交换防守配合 六、复习原地（跳起）单手肩上、双手胸前投篮技术 （一）教学任务 巩固原地（跳起）单手肩上、双手胸前投篮技术动作，提高完成动作的质量。 （二）练习方法 罚球线上投篮练习（如图7－59）。 方法：每人一球，在罚球线上做原地（跳起）单手肩上、双手胸前投篮，自投自抢。男生选择原地单手肩上或跳起单手肩上投篮。女生选择原地单手肩上或双手胸前投篮。 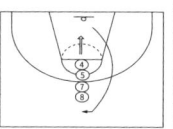 图7－59　罚球线上投篮 七、教学比赛 （一）教学任务 通过比赛提高学生合理运用技、战术的能力。 （二）方法：五人一组，全场五对五，比赛10分钟，再换两组比赛。 （三）要求：攻守队员合理运用各种基础配合进行攻守。
结束部分 5分钟	1.放松整理运动。 2.课程小结。 3.布置思考题。 交换防守配合的方法要点是什么？

表7－16　篮球技术考核

	教学内容和练习手段
准备部分 20分钟	一、整队、点名、报告本课任务 二、安排见习生 三、准备活动 （一）慢跑 学生一路纵队绕球场慢跑3圈。 （二）原地徒手操 （三）拉韧带
基本部分 65分钟	四、行进间双手胸前传接球 考核方法：两人一组，相距约5米，从一侧端线向另一侧端线行进间双手胸前传接球上篮，然后以同样的方法传球返回，技评考核。 五、罚球线上投篮 考核方法：学生站（如图7－60）在罚球线上进行投篮3次，男生可采用跳起投篮或原地单手肩上投篮，女生可采用原地单手肩上投篮或双手胸前投篮。技评考核。 图7－60　罚球线上投篮 六、半场8字运球上篮 考核方法：从底线开始，右手快速运球到标志筒前做体前变向换左手运球，绕中圈运球返回至标志筒前做体前变向换右手运球到篮下上篮，技评考核。
结束部分 5分钟	1.放松整理运动。 2.课程小结。

五、北京市少年宫体智融合课程评价

本课程主要评估学生的身体素质、智力水平、认知能力、学习态度、团队合作能力等方面的表现，依据评价量分表对照进行量化评估，注重对学生的学习态度、参与度、进步幅度的过程性评价，并将评价结果及时反馈给学生和教师。学生可以通过评价结果了解自己的优点和不足，进而调整学习策略；教师可以通过评价结果了解教学效果，对教学方法和策略进行调整。每学期进行一次班级调整和班级总结，并组织赛事和活动，这样可以根据实际教学情况对评价量表进行调整和优化，制定新学期教学计划和目标，以更好地适应学生发展的需求。

总之，体智融合课程的评价制定需要综合考虑学生各个方面的表现，同时注重过程评价和反馈机制的建立。在评价过程中，要关注学生的个体差异和进步幅度，以充分发挥评价的指导作用。

六、北京市少年宫体智融合课程的实践运用

体智融合课程的推广与运用能够适用于学校、少年宫和体育培训机构，起着重要的引领与示范作用，此类课程的探索，是落实"双减"政策，根据深化体教融合文件，树立"健康第一"的指导理念，提升学生的综合素养，推动文化学习和体育锻炼协调发展，帮助学生健康成长、锤炼意志、健全人格。

促进学生的身心健康：体智融合课程将体育与智育相结合，通过综合性的课程设计，旨在提高学生的身心健康水平。通过体育运动，可以锻炼学生的身体，增强体质，提高运动能力；同时，智力运动项

目可以锻炼学生的思维能力和创造力，促进智力发展。这种有机结合可以使学生得到更全面的发展，提高身心健康水平。

提高学生的综合素质：体智融合课程不仅关注学生的身体素质和智力水平，还注重培养学生的情感、社会适应能力和团队合作能力等综合素质。通过体育运动和智力运动的结合，可以锻炼学生的观察力、判断力、沟通能力和团队合作能力等，使学生成为全面发展的人才。

增强学生的学习动力：体智融合课程通过多样化的教学内容和方式，可以增强学生的学习动力和兴趣。体育运动和智力运动的结合可以让学生在学习中体验到乐趣和成就感，激发学生的内在动力，提高学习效率。

适应现代教育发展的需要：现代教育注重学生的综合素质和全面发展，体智融合课程正是适应这一发展趋势的。通过体智融合课程，可以培养学生的综合素质、创新能力和团队合作精神，提高学生的社会适应能力，为学生的未来发展打下坚实的基础。

当然，除了上述提到的应用价值，体智融合课程还有以下应用价值。

培养学生的自信心和自尊心：体智融合课程通过综合性的教学方式，可以让学生在学习中体验到成功的喜悦和挑战的刺激。这种体验可以帮助学生建立自信心和自尊心，使他们更加自信地面对学习和生活中的挑战。

提高学生的社交能力：体智融合课程中的团队合作和沟通交流可以帮助学生提高社交能力。通过与他人合作完成任务，学生可以学会如何与他人沟通、协调和合作，提高他们的社交技能和人际交往能力。

培养学生的领导能力和团队合作精神：体智融合课程中的团队合作项目可以为学生提供领导和管理的机会，帮助他们培养领导能力和团队合作精神。通过担任团队中的领导角色，学生可以学会如何带领团队完成任务，提高他们的领导能力和组织协调能力。

促进学生的自我认知和自我发展：体智融合课程可以帮助学生了解自己的兴趣、能力和潜力，促进他们的自我认知和自我发展。通过参与各种体育运动和智力运动项目，学生可以发现自己的优点和不足，进而制定个人发展计划，实现自我提升。

培养学生的全球视野和文化理解能力：体智融合课程可以帮助学生了解不同文化和运动形式，培养他们的全球视野和文化理解能力。通过参与不同国家和地区的体育运动项目，学生可以了解不同文化和传统，促进他们对多元文化的理解和尊重。

总之，体智融合课程具有广泛的应用价值，不仅可以促进学生的身心健康和全面发展，还可以培养学生的自信心和自尊心、提高社交能力、培养领导能力和团队合作精神、促进自我认知和自我发展以及培养全球视野和文化理解能力。因此，在教学中，应该充分认识到体智融合课程的价值，注重身体运动项目和智力运动项目的结合，以充分发挥其优点。

综上，北京市少年宫的体智融合课程具有综合性和多元化的特点，旨在通过身体运动训练和智力运动训练之间的结合，促进学生的身心健康和全面发展。中学和小学应鼓励开展体智融合课程，以促进学生的身心健康和全面发展。同时，众多专家和学者也认为这种结合有助于培养学生的综合素质和能力，符合现代社会对人才的需求。因此，在教育教学中，应该注重身体运动项目和智力运动项目的结合，以充分发挥其优点，培养全面发展的人才。

七、体智融合课程的育人价值

在"双减"政策背景下，发挥优质课程的实践育人价值具有十分重要的作用。我国基础教育阶段的学校或校外机构应加强体智融合课程的推广与普及，鼓励中小学生积极参与课程。学校或校外机构应将学校体育课程分成智力运动课程和体力运动课程，提高学生的身体健康水平，为未来的学习和生活打下良好的基础，做好充分的准备。

（一）推广体智融合课程

可以在学校推广体智融合课程，例如体育智力游戏、运动项目可以在学校推广体智融合课程，例如体育智力游戏、运动项目等。这些活动不仅可以提高学生的身体素质，还可以促进他们的智力发展。

（二）培养学生的团队合作精神

在体智融合课程中，学生可以在体智融合课程中学习如何与他人合作，这对他们的智力发展也非常有益。学校可以组织一些团队活动，例如足球、篮球等，让学生在学习中体验团队合作的重要性。

（三）培养学生的自我管理能力

在体智融合课程中，教师可以在体智融合课程中培养学生的自我管理能力，例如制定锻炼计划、监控自己的表现等。这些技能也可以应用于其他学科的学习中。

（四）培养全面人才

体智融合课程将体育和智力教育相结合，注重学生的身心全面发展，培养不仅有优秀学业成绩，而且有出色体育表现和良好社交能力的学生。这种课程教育模式可以帮助学生建立良好的自我形象，增强自信心和自尊心，同时也能让学生更好地适应未来社会的发展需求。

（五）增强身体素质

体智融合课程注重体育锻炼，可以提高学生的身体素质，增强体魄，为学生打下良好的身体基础。体育锻炼还可以帮助学生提高身体的适应性和抵抗力，减少疾病的发生，让学生更有活力。

（六）促进智力发展

体智融合课程将体育和智力教育相结合，可以促进学生的智力发展。体育锻炼可以刺激大脑的发育，增强记忆力、注意力和思维能力等。同时，体育活动也可以帮助学生释放压力，提高学习效率。

（七）提升个人品质

体智融合课程可以帮助学生提升个人品质，比如培养坚韧不拔、永不放弃的精神以及养成公平竞争的态度等。这些品质可以影响学生的价值观和生活方式，有助于他们在未来的人生道路上取得成功。

(八)创新性和实践性

体智融合课程注重创新性和实践性,鼓励学生探索新的体育技能和方法,以及在实践中学习和应用知识。这种课程教育模式可以培养学生的创新思维和实践能力,提高他们的学习能力和适应能力。

总之,体智融合课程可以促进学生全面发展和提升个人品质,同时增强学生的身体素质和培养团队合作精神。此外,通过将体育与智力教育融合在一起,还可以提高学生的智力发展水平和学习效率,让学生在锻炼身体的同时,提高他们的智力水平,从而提高学生的综合素质和适应社会的能力。同时,这种课程教育模式还可以培养学生的团队合作精神、社会适应能力和积极心态等优秀素质,培养学生的创新思维和实践能力,使他们成为更优秀的人才。

第八章 相关课题研究

课 题 名 称　新时代体教融合创新模式探索研究
　　　　　　基于北京市少年宫体育项目建设思考

一、课题研究的背景

党的十八大以来，基于对我国文化、卫生、教育、体育等方面的发展现状的分析和研究，党中央将体教融合以及新时期青少年体质健康该如何培育提上日程[①]。2017年10月，习近平总书记在十九大报告中提出实施健康中国战略，旨在改善人民健康问题，提高全民健康意识。国家体育总局联合教育部等相关机构联合颁布了《关于深化体教融合　促进青少年健康发展的意见》（下文简称《意见》），这项政策不仅显示出党中央对加强体教融合的信心和决心，还可作为我国将近3亿的中小学生协调文化学习与体育锻炼发展强有力的理论支撑。《意见》提出要深化体教融合，坚持"健康第一"的思想，全

---

① 杨国庆,刘宇佳.论新时代体教融合的内涵理念与实施路径[J].天津体育学院学报,2020,35(06):621-625.DOI:10.13297/j.cnki.issn1005-0000.2020.06.001.

面促进青少年发展，通过体育锻炼促进青少年增强体质、坚定意志，在享受体育锻炼的乐趣时，实现德智体美劳全面发展，培养合格的社会建设者与接班人。这些政策给学生文化学习和体育锻炼带来了发展机遇，形成了良好的社会氛围。我们应该充分发挥政策的引领作用，推动我国新时代体教融合模式下学校体育的发展。

二、文献综述

《意见》根据"一体化设计、一体化推进原则，提出了加强学校体育工作、完善青少年体育赛事体系、加强体育传统特色学校和高校高水平运动队建设、深化体校改革、规范社会体育组织、大力培养体育教师和教练员队伍、强化政策保障、加强组织实施等，全面开创了青少年体育发展新局面[①]。目前已进入中国特色社会主义新时代，体教融合管理体制走向深化改革的发展道路，竞技体育后备人才的工作重心转移到教育中来是必然趋势。"

本研究顺应社会变革的潮流，以培养全面发展的人为最终目标，研究体教结合新的发展方向，构建体教融合课程模式，培养竞技体育后备人才的体系，实现校外体育培养竞技体育后备人才的目的，构建"教会、勤练、常赛"一体化系统性教学思路与方式，实施更有效的教学，全面提高教学质量，弘扬中华体育精神，提高儿童、青少年的身体素质具有重要的现实意义，对于建设中国竞技体育后备人才可持续发展，推动体育强国建设，培养五育并举的现代化后备人才具有重

---

① 夏力,熊焰,高玉花等.体教共生:新时代体教深度融合的表现、机制与路径[J].哈尔滨体育学院学报,2022,40(06):71-78.

要的历史意义。

（一）相关概念界定

1. 体教融合

体教融合立足于青少年全面发展，为我国学校体育教育开辟了新的发展思路，立足于儿童、青少年体质健康和体育后备人才培养，厘清体育传统特色学校联动发展的现实诉求，打造教育资源共建、体育资源共享的新局面[1]，培养德智体美劳全面发展的社会主义建设者和接班人，实现新时代赋予的历史使命，为儿童、青少年日常锻炼和专项运动技能的学习奠定扎实的基础。

2. 篮球运动项目

篮球运动是青少年非常喜爱的体育运动项目，也是青少年校外体育教育的重要内容。主要针对12岁以下的少年儿童，遵循其对应年龄阶段的儿童生长发育规律，在普通篮球规则的基础上进行适应性改变，适合各年龄阶段的不同的篮球大小、篮筐高度、投篮距离及与其相适应的篮球比赛规则，进一步降低参与篮球运动的门槛[2]，将难度进一步降低和简化，让青少年在适当的篮球氛围中学到专业的、稳定的篮球技术。

---

[1] 刘海元,展恩燕.对贯彻落实《关于深化体教融合 促进青少年健康发展的意见》的思考[J].体育学刊,2020,27(06):1-11.DOI:10.16237/j.cnki.cn44-1404/g8.20201118.002.

[2] 张元文.少儿篮球适宜教学体系的研究[D].苏州大学,2007.

3. 棋类运动项目

棋类运动强调规则和对规则的遵守，属于规则性游戏的一种。学校的棋类活动按游戏规则和游戏机制的不同分为合作性棋类活动、竞争性棋类活动和半合作性棋类活动。

（二）体教融合现状研究

本研究通过中国知网等平台进行了文献的搜索与整理，现将查阅到的与本研究相关的部分研究成果进行归纳与分析。

近些年关于体教融合的相关研究主要是探索阶段，如阳艺武、伍艺昭在《体教融合背景下青少年体育后备人才培养的现实审视与战略取向》提出："体教融合作为我国体育后备人才培养的一种发展理念，提出并付诸实践可以追溯到20世纪80年代中期。随着时代发展和形势变化，这一理念在学术界出现过'体教配合''体教结合''教体结合''体教融合''教体融合'等不同表述，然而研究主题都没有跳出竞技体育人才培养方式改革与发展的思维局限[1]，直到中央深改委《意见》的审议通过，才首次拓展这一概念内涵。"这篇文章从定义、培养主体、培养目标、关注对象、工作内容五个方面对新旧体教融合的差异进行了阐述。

杨丽娜在《西安市青少年校园足球"体教融合"实践状况及对策研究》中指出："为切实打破体育与教育行业壁垒，促使两系统深度结合，'体教融合'的思想便应运而生。它不仅是针对'体教结合'

---

[1] 杨国庆.中国体教融合推进的现实困境与应对策略[J].成都体育学院学报,2021,47(01):1-6.DOI:10.15942/j.jcsu.2021.01.001.

存在的各种问题而提出的体育后备人才培养'新模式',同时也是基于学校体育教育体制深化改革、素质教育全面落实而提出的教育人才培养'新模式'。将竞技体育后备人才的培养融入教育系统当中,将学校体育教育的改革依托于竞技体育项目,促使学校体育与竞技体育相融合,进而实现各自系统的持续健康发展。相较于'体教结合','体教融合'是升华、是改革,具有更丰富的内涵[1]。"

刘佳、陈明在《从体教结合到体教融合——以体育教学为例》中指出:"我国传统的体教结合模式却难以满足现代教育的发展要求,无法有效地提升体育教育的功能和作用,难以契合学生的心理、情感及生理,提升体育教学的质量和效率。为此高等院校应加强管理、从思想和理念、训练和学习的角度出发,探寻推动体教结合向体教融合方向发展的路径及对策,使体育教学工作真正地发挥培养人才的优势,促进学生的全面发展[2]。"

刘波、王松、陈颇、尹志华、黄璐在《当前体教融合的研究动态与未来展望》中提出:"认为贯彻落实体教融合政策的要义在于加快推进体育部门和教育部门对青少年体育治理的现代化,促进青少年全面健康发展[3]。"并指出:"体教融合的相关研究不能超脱于我国当

---

[1] 杨丽娜.西安市青少年校园足球"体教融合"实践状况及对策研究[J].陕西师范大学,2019.
[2] 刘佳,陈明.从体教结合到体教融合——以体育教学为例[J].湖北开放职业学院学报,2021,34(02):138-139.
[3] 刘波,王松,陈颇等.当前体教融合的研究动态与未来展望[J].北京体育大学学报,2021,44(01):10-17.DOI:10.19582/j.cnki.11-3785/g8.2021.01.002.

下教育和体育两大部门而独立存在。"

综上所述，如今体教结合的教育形式已经难以满足新时代课程改革下的教学模式，对此，本研究希望通过研究新时代体教融合创新来更好地为体教融合的发展提供参考和理论依据。

（三）篮球运动项目的现状研究

目前在国内研究中对篮球课程培训体系建设的研究还在不断探究之中。通过对文献资料的整理分析，笔者发现这些文献按所研究的性质、对象及范围，大致可分为三类。

第一类研究主要是对中国篮球项目的整体性研究。潘前、朱俊荣的《新形势下高校篮球教学改革的思路》[①]、曹竟成的《普通高校篮球教学改革探析与尝试》[②]，提出了普通高校篮球教学应符合"普及"与"娱乐性"的教学特征，从教学思路的变革、教学模式的确立、教学效果的评价等方面进行了探讨和分析。孙锋在《对我国青少年篮球培训事业现状的分析研究》[③]中指出我国在小学篮球培训中出现的问题：市场机制型篮球培训学校还未形成规模，适应市场机制运行的儿童、青少年篮球培训体制不完善，计划机制型篮球学校的办学

---

① 潘前,朱俊荣.新形势下高校篮球教学改革的思路[J].福建体育科技,2003,(02):54-56.

② 曹竟成.普通高校篮球教学改革探析与尝试[J].体育与科学,2002,(05):73-75.

③ 孙锋.对我国青少年篮球培训事业现状的分析研究[J].科学咨询（决策管理）,2006,(01):59-60.

能力和社会效益不理想。徐立武在《体育院校篮球技术教学"游戏化"的实证研究》①中指出,传统的篮球课程体系建设通常侧重于技术传授,与国外相比,篮球课程体系建设方面起步较晚,沿袭传统的体育教育手段与方法没有较大突破,而传统的篮球课程体系已经无法满足学生的身心需求。另外还指出,传统的篮球课程体系过分重视教学大纲、教学计划和教学内容组织教学、注重篮球技术和战术的系统性,缺乏关注学生的兴趣,要求学生接受机械训练,培养学生的学习兴趣和"终身体育"的理想很难实现。

第二类研究主要针对由中国篮球项目培训体系构成要素中的某一部分进行研究。如邓集钢、袁铁民的《浅谈篮球教学中的审美教育》②,论述了篮球运动的审美功能,探讨了篮球教学中审美教育的方法与手段。杭兰平、郑莉莉等的《篮球教学中培养学生情商的研究与实践》③中提到了可以在篮球教学实践中培养学生情商的观点。江明世等的《篮球教学对高校健康教育的促进作用》④,论述了各高校在进行健康教育的同时应对这一项目加以重视,并提出了相应的对

---

① 徐立武.体育院校篮球技术教学"游戏化"的实证研究[J].当代体育科技,2016,6(33):33-34.DOI:10.16655/j.cnki.2095-2813.2016.33.033.
② 邓集钢,袁铁民.浅谈篮球教学中的审美教育[J].体育科技,2002,(04):53-54+61.DOI:10.14038/j.cnki.t.ykj.2002.04.015.
③ 杭兰平,郑莉莉,杭孝平.篮球教学中培养学生情商的研究与实践[J].武汉体育学院学报,2002,(06):77-78.DOI:10.15930/j.cnki.wtxb.2002.06.030.
④ 江明世,刘逢翔,张爱玲.篮球教学对高校健康教育的促进作用[J].山东师范大学学报(自然科学版),2003,(02):107-109.

策。陈春水在《浅议培养小学篮球队团队意识的策略》[1]中指出篮球运动是需要团队意识的运动，教练员在小学生篮球意识的培养中处于领导者的状态，所以在抓好训练的同时，要建设好团队，并促进球队的发展。

第三类研究是针对中国篮球项目培训的某个组成部分在特定阶段出现的焦点问题的研究，这类研究一般选取各个课程组成部分中某些焦点问题进行研究。如余利斌的《寓素质教育于高校公体篮球教学之中》[2]，分析了高校公体篮球教学的现状及弊端；李军在《提高篮球运球技术教学有效性的对策探析》[3]中提到由于学生没有受到新异刺激，导致大脑处于抑制状态，将很大程度地影响教学效果。

（四）国外对篮球项目培训建设研究的现状分析

笔者通过查阅文献发现，国内外关于篮球课程体系建设文献不是特别全面，国内外的篮球课程体系建设主要是以学校开展兴趣社团的形式，结合学校的校级篮球队开展训练课，相对比较专业，有一定的水平与技术等级要求，不能满足学生的全面参与需求。国外篮球校外培训机构的篮球训练及方法十分先进，更新较快，更多注重体能与篮

---

[1] 陈春水.浅议培养小学篮球队团队意识的策略——来自基层小学篮球教练员实践总结[J].现代阅读(教育版),2011(20):76-77.DOI:CNKI:11-5566/G2.20111025.1635.136.

[2] 余利斌.寓素质教育于高校公体篮球教学之中[J].喀什师范学院学报,2004,(06):86-87.

[3] 李军.提高篮球运球技术教学有效性的对策探析[J].当代体育科技,2013,3(20):2.DOI:CNKI:SUN:DYKJ.0.2013-20-021.

球技术的培养，学生利用假期和课外时间参与的积极性较高，培养输送了许多篮球青少年后备人才。

本课题对于篮球课程体系建设的研究更多的是聚焦国外少年儿童篮球课程体系的培训模式的研究。

综上所述，儿童、青少年篮球项目培训模式论文涉及面较广，从不同的角度和观点出发，对我国篮球项目所涉及的各个部分进行了研究，其涉及内容有篮球项目的性质、对象、课程内容及目标、生理、心理、篮球意识、篮球能力、人才培训内容、赛事体系运作、训练方法等各个方面。而教学模式、课程内容以及竞赛规则等推广还需不断完善，没有形成一个综合的培训项目体系，缺乏建设成为一个真正适合儿童、青少年的校外篮球项目培训的体系。

（五）棋类运动项目现状研究

国内外相关专家学者对此进行了大量研究，如周美娣、丁桂兴在《浅谈象棋运动对提高学生总体素质的作用》[1]中指出："中国象棋在学校进行课堂教学，对学生良好性格的养成及品德的培养，对学生思维能力、逻辑能力的提升，对学生素养内涵的提升，对学校的校园文化建设有着正向的推动作用。"李莉、周宛怡和姜劲晖在《"双减"政策下中小学休闲体育活动的开展——以棋类项目为例》[2]中指

---

[1] 周美娣,丁桂兴.浅谈象棋运动对提高学生总体素质的作用[J].科学大众,2009,(02):3.DOI:10.16728/j.cnki.kxdz.2009.02.106.
[2] 李莉,周宛怡,姜劲晖."双减"政策下中小学休闲体育活动的开展——以棋类项目为例[J].科教导刊,2022(24):3.

出:"通过制定科学合理的教学计划和教学内容体系,才能高效地达到象棋教学的预期效果。"相关研究认为学龄儿童学习象棋技能有助于促进相应的认知能力发展,并且促进了学业表现。具体表现为专家的技能专长效应,如普通人(或新手)与专家在某个领域的表现在行为上往往有显著差异,有目的的长期训练可以形成这种差异。背后的原因是专家和新手在认知能力上的表现有所不同。例如,专家在记忆自己擅长领域的材料方面有很强的能力,这一点从他们的行为中可以看出:专家只需要很短的时间(1—5秒)就能记住或回忆起该领域的材料,通过关注棋子附近的区域或棋子之间的部分就可以获得信息,不需要看棋子的具体位置。在遇到问题时,专家更容易将问题与高度结构化的知识产生联系,将问题拆解到更细的维度,从而能够快速推导出解决问题的方法和步骤。此外,专家通过不断的练习,可以拥有更快的编码和检索速度,因此表现出优越的记忆能力,而且能够在纷繁复杂的干扰信息中获取正确的信息。

如Sala等(2016)的研究进行了两次三组设计实验,包含了积极对照组(active control group)和消极对照组(passive control group)。实验一被试人数为233名三年级和四年级学生,积极对照组为跳棋对照组,干预总时长为25小时,测试结果显示三组被试的数学问题解决能力或元认知能力在后测中没有显著差异。实验二与实验一类似,被试人数为52名,积极对照组为围棋对照组,后测中实验组和消极对照组数学能力解决略好于围棋组,但是结果不显著,同时元认知检验三组无差异[①]。

根据最新的学术文献，研究者已在一定程度上发现棋类教学对学生学习成绩、认知能力、心理健康水平等方面的影响。根据已有的理论框架和课题组现有的关于棋研究的成果表明，棋类教学对学生综合素质的提高有积极作用，项目的研究思路具备可行性。

综上所述，可以发现，概念界定、育人理念与价值、措施与策略及认知能力、学业促进等方面是本课程开发研究的主要集中方面，而对于体教融合课程的研发相对较少，还需结合项目优势，发挥课程价值，试图利用篮球、棋类体教融合课程来推进儿童、青少年的体智身心全面发展。

三、研究设计

（一）研究目标和研究假设

本课题研究认为，体教融合教育目标应满足增进学生健康，培养学生体育兴趣、体育习惯和能力，提升团队合作与沟通能力，提升个人意志品质，树立良好行为规范与意识的品德等儿童、青少年的全人格教育目标，最终实现体育教育的全人格育人目标。

北京市少年宫是北京市级校外教育机构，承担着北京地区学生活动策划组织管理工作面向全市未成年人开展校外教育活动，本课题组

[①]Sala D, Fabio, Grabowski, et al. Accurate Kohn-Sham ionization potentials from scaled-opposite-spin second-order optimized effective potential methods[J].Journal of Computational Chemistry: Organic, Inorganic, Physical, Biological, 2016.

与北京市篮协、北京市棋院积极协作、共同推进青少年篮球与棋类运动项目的发展。

（二）研究内容

本课题组认为，新时代"体教融合"创新模式的探索研究，尝试实践研究体育系统与教育系统之间如何更好地协作。

本研究基于学校教育实践层面，基于北京市篮球运动协会、北京棋院合作办学，开设北京市少年宫、北京市和平里一小、北京市大兴九小融合棋类、篮球课程，以篮球和棋类为抓手，推动儿童、青少年体育与智育发展，着重对认知能力、身体素质、社会化合作能力等进行评价，深入探索创新体教融合课程建设，持续健康发展及优化青少年篮球与棋类后备人才培养路径，评价棋类与篮球项目"体教融合"课程实践状况并予以比较分析，进而找寻实践中存在的问题与不足，针对性地提出相应优化对策，为北京市少年宫等校内、校外教育单位与体育相关部门形成长效的合作机制，大力推荐并为青少年篮球与棋类发展做出贡献。

（三）研究方法

1. 文献资料法

通过检索中国知网及其他期刊数据库，收集有关"体教融合""新时代创新教育模式"、篮球项目、棋类项目、课程建设等相关文献资料。

2. 访谈法

访谈有关资深专家，征求影响棋类、篮球课程中涉及内容和趣味的体能练习方法、游戏化篮球教法以及符合身心特点的竞赛方法等主要因素,实验控制条件和测试评价指标等方面的意见。根据访谈所得的宝贵意见和建议制定了本研究的刺激变量,以便能够促使学生在游戏中掌握棋类、篮球技术,在学习棋类、篮球技术过程中培养自己的运动兴趣,最终研究编制成一套棋类、篮球课程教材用于推广。为了保证刺激变量能够被科学和合乎逻辑地使用,对棋类、篮球课程中技术教法的方法、趣味体能练习方法、竞赛活动的内容、课堂练习的量和强度、教案的设计、课次的安排逻辑性等方面与同行学者进行沟通和征求意见,真实了解先行者研究此课题时所遇到的实际问题,以便获得一些有建设性的意见,为本研究提供重要的参考依据。

3. 实地考察法

通过对课题组基地校进行报名,深入实际直接观察并收集相关数据和信息,主要是对学校体教融合的实施情况和学生的参与程度进行观察,并与学生、教师、学校管理人员等进行座谈交流,记录相关数据,对数据进行统计和分析,最后得出结果,提出建议和意见。

4. 问卷调查法

为了调查棋类、篮球课程体系建设的方法、课程内容、兴趣度及满意度是否科学合理有效果,经过与同业专家咨询与探讨,通过向调查者发放编制修正后的《课程调查问卷》《个人行为能力测试》,间接获得材料和信息。

5. 逻辑分析法

通过将搜集查阅的大量文献资料进行整理、归纳,将其中有效的资料做进一步的深入分析,作为本文的理论基础、研究观点。同时在文章撰写及论证过程中脉络清晰、逻辑思维准确，从而确保本研究结构、框架及内容的合理性。

6. 数量统计法

使用Spss21.0统计软件和Excel办公软件等，对研究进行量化分析。统计学的方法有助于我们更准确地认识研究对象，使得出的结论更科学、可靠。

7. 实验法

通过对北京市少年宫招收的2022年、2023年篮球、棋类兴趣小组学员进行登记，根据篮球、棋类课程体系建设的内容授课，在授课实施过程中对学员进行外部观察，记录游戏活动的效果，通过现场观测心率以及棋类、篮球对学生认知发展、心理健康等方法，记录各个模块层次的运动强度及负荷，以便获得更加客观、真实的实施结论。

在本研究中，运用新建设的篮球棋类课程对学生进行篮球、棋类技能的学校教育实践干预研究，一方面检验此种方法是否有利于学生更好、更快、更规范地掌握篮球技术，另一方面检验本课程的教学内容及形式是否能够激发、培养和提高学生对项目的兴趣，提升学业水平。所以分别在竞赛活动模块、篮球/棋类游戏化教学模块对学生的满意度、游戏的强度与负荷、活动效果及课程目标是否合适等方面进行分析，论证研究两个模块的可行性。

四、研究的重点和难点

（一）研究重点

1.第一层模块探索体教融合文件，确切落实"共下一盘棋，体教一家人"的方针政策，探索体教融合创新发展模式，实现体育系统与教育系统协调发力、共促发展、合作共赢，基于北京市篮球运动协会、北京棋院合作办学，推动建设北京市少年篮球队、北京市少年棋牌队，参与重大赛事；在基地校开展篮球和棋类体教融合课程，搭建后备人才梯队平台；在基地校组织公益性体教融合赛事或活动。

2.第二层模块应根据7—12岁青少年的身心能力发展的需求，促进体育与智育能力发展相结合，可在篮球课程体系中应该加入棋类课程发展智育与体育，通过开设北京市少年宫、北京市和平里一小、北京市大兴九小融合棋类、篮球课程，评价棋类与篮球项目"体教融合"课程实践状况并予以比较分析，促进青少年身心的健康成长。

（二）研究难点

1.改变传统的篮球、体能的教学方法与练习以及竞赛的组织方法，使其"学、练、赛"能够相互结合，形成最合理化的组合。

2.通过心理认知能力指标，生理生化指标的测试，学业成绩、智力能力、身体运动能力、技能考核等指标监测，验证创新性课程体系建设的效果，促进儿童、青少年体智身心健康全面发展。

五、研究的实施计划及人员分工

（一）研究的实施计划

1.查询文献资料将有关篮球棋类课程教学的方法进行收集与整理。

2.查询文献资料将有关7—12岁青少年身体、心理健康发育敏感期的发展方法进行收集。

3.通过设计问卷及专家访谈调查目前实施篮球棋类课程体系的现状及建议，选择适合7—12岁青少年的篮球棋类教学内容及练习方法、竞赛活动内容等。

4.2021年10月至2022年2月，撰写开题报告，与北京市篮球运动协会（以下简称北京篮协）、北京棋院形成合作，组建师资队伍，研制课程实施方案，建设基地校。

5.2022年3—7月，在北京市少年宫、和平里一小、大兴八小、大兴九小等基地校同时开设篮球、棋类体教融合课程，进行实验前测，形成学生档案，收集数据信息。

6.2022年5—8月，利用基地校体育节，开展公益性活动或篮球—棋类展示课面向全市推广体教融合实施成果，并选拔优秀孩子参与北京市少年宫暑期集训营，组队参与国内重大赛事活动。

7.2022年9月至2023年1月，在基地校实施篮球、棋类体教融合课程，进行实验中期测试，形成学生档案，采集数据信息，邀请专家看课听课，研讨课程实施内容，及时调整课程方案，做好经验总结，筹备2023年实施计划。

8.通过华体健康对实验儿童的身体、生理指标进行一定监测与分析。

9.将收集的资料进行汇总，形成课程内容，并将其具体化成教学案例。

10.通过撰写的教案对青少年实施教学活动。

11.通过数理统计分析实验结果，得出结论，撰写研究报告。

（二）人员分工

1. 篮球项目主要成员

本课题组主要负责人郝兴杰老师，担任体育教学部部长，擅长篮球、棋类体教融合课程设计。多年来一直从事体育教育课程的研究工作。2010—2015年在北京师范大学附属中学负责体育教学工作，比如学校篮球特长生队伍管理与训练，同期也在北京市少年宫从事篮球、体能课程教学，其教学能力强、教学成果显著，深受学生及家长等业内外人士的好评。

课题组成员、北京市少年宫教师姚泽多年来对青少年篮球、棋类课程进行建设管理，负责课题研究工作。

课题组成员、北京体育大学教授徐刚多年来从事运动生理方向的研究，并一直从事着骨龄测试及分析探索研究。

2. 棋类项目主要成员

董子仲，北京大学本科、研究生毕业，象棋国家大师，有丰富的象棋教学经验。曾参与中国象棋协会举办的象棋海外推广项目、象棋进校园项目，参与进行《象棋教学对儿童心理健康影响》相关研究项目，对本项目所涉及的相关文献、研究方法有较丰富的研究经验。

杨心玥，北京大学心理认知与科学学院研究生，有较丰富的儿童发展心理学研究经验，曾参与《象棋教学对儿童心理健康影响》相关研究项目，对本项目所涉及的相关文献、研究方法有较丰富的研究经验。

六、预期研究成果

（一）研究报告

撰写关于篮球、棋类体教融合创新课程建设实施的实验报告。

（二）论文

1.2022年7月，撰写《新时代体教融合创新模式篮球、棋类课程建设探究》。

2.2023年7月，撰写《探索篮球、棋类体教融合课程发展儿童认知能力研究》。

（三）其他附属资料的辑录

撰写心理健康调查问卷、瑞文智力能力测试报告、运动能力测试、骨龄生理指标分析报告、课程教案教材、几何图形测试题、工作记忆能力测试等相关附属资料。

第九章 体智融合课程探索教育案例

2020年4月,中央全面深化改革委员会第十三次会议审议通过了《关于深化体教融合 促进青少年健康发展的意见》(以下简称《意见》),并于2020年8月正式印发,引发广泛关注。《意见》聚焦推动青少年文化学习和体育锻炼协调发展,促进青少年健康成长、锤炼意志、健全人格,培养德智体美劳全面发展的社会主义建设者和接班人,赋予了新时代体教融合的新内涵,对推动体教融合工作提出了新要求[①]。

2022年3月北京市体育局、市教委共同制定并下发了《北京市深入推进体教融合实施方案》,工作目标是体教融合制度机制全面建立,协调发展、合作共赢。提升体育课程教育教学质量,明显提升青少年体育竞技水平,畅通体育后备人才成长渠道[②],使整个社会的青少年体育运动氛围更加浓厚。

本研究通过梳理体教融合的发展历程,剖析新时代体教融合的

---

① 邵语平,李宏.体教融合背景下学校体育多元化改革发展研究[J].武术研究,2023,8(10):131-133.DOI:10.13293/j.cnki.wskx.010287.
② 杨菲.体教融合背景下排球青少年训练队改革实施方案研究——以北京体育大学为例[J].青少年体育,2021,(12):70-71.

新内涵，探索新时代体教融合的新模式，本研究基于学校教育实践层面，基于北京市篮球运动协会、北京市棋院合作办学，开设北京市少年宫体教融合棋类、篮球课程，评价棋类与篮球项目"体教融合"课程实践状况并予以进行比较分析，深入探索创新体教融合课程建设，持续健康发展及优化青少年篮球与棋类后备人才培养路径，旨在探索深化体教融合背景下创新体智融合项目育人模式。

一、体教融合的发展历程

中华人民共和国成立初期，1952年中央体委(1954年改为国家体委)成立之前，体育行政权力属于教育部，没有单独设置的国家体育行政管理部门，这一时期不存在体教结合问题。

自1952年，国家体委成立之后，在借鉴苏联体育管理模式的基础上，开始组建国家队、地方队，成立重点体校，并在中小学和少年宫等建立业余体校，逐渐形成"体校—省市专业队—国家队"的"三级训练体制"[1]，开启了体育系统"自办教育"的模式。在此阶段，体育事业主要以体育系统为主，体教结合程度较低。

改革开放后到20世纪90年代后期，我国竞技体育事业跻身世界前列，教育事业普及更加广泛，但伴随市场经济发展，社会对于学历、能力等要求与日俱增，给竞技体育带来了较大冲击。运动员文化教育缺失现象普遍，优秀退役运动员安置困难，导致青少年体育后备

---

[1] 杨菲.体教融合背景下排球青少年训练队改革实施方案研究——以北京体育大学为例[J].青少年体育,2021,(12):70-71.

人才青黄不接[①]。在此情况下，国家提出了体教结合，教育系统给体育系统提供了很多特殊政策支持，帮助体育系统提高体育自办教育的水平和质量，提升运动员的教育水平；在学校开展业余训练，扩大业余运动员人口基数；帮助运动员上大学，妥善解决就业安置等。

2000—2010年前后，优秀运动员文化教育缺失现象更为严重，青少年运动后备人才大量萎缩，体育系统和教育系统好不容易形成的共识和合力逐渐分离，体教结合走入困境，出现了"各自为政"的情形。从国务院办公厅转发的体育总局等部门《关于进一步加强运动员文化教育和运动员保障工作指导意见的通知》中，可以看出体教结合面临的困难和问题。

从2010年至今，影响我国竞技体育持续发展的后备人才队伍建设和运动员文化教育问题仍未彻底解决。运动员长期封闭训练，难以融入开放的社会，甚至各级各类体校面临招生困难、经费缺乏、文化教学质量较低等困境。十八大以来，为解决体育系统运动员就业难、教育水平较低、后备人才不足、教育系统对体育重视不够、体育专业水平不高、学生体质健康不强等问题，中央加强顶层设计，将体育事业改革被列入全面深化改革重点事项，提出了体教融合的理念。2016年国务院办公厅《关于强化学校体育 促进学生身心健康全面发展的意见》中提出了"注重教体结合，完善训练和竞赛体系"的要求。2016年体育工作座谈会上，当时的国务院副总理刘延东提出探

[①] 丁省伟,储志东.是何·为何·如何:体教融合研究综述与展望[J].上海体育学院学报,2022,46(7):14.

索以学校体育为依托培养后备人才的体制机制，鼓励、支持和引导社会、个人投资参与青少年训练工作，形成多元化的竞技体育后备人才培养格局。2017年刘延东在全国学校体育工作座谈会上第一次提出了"构建体教深度融合的青少年训练竞赛体系"。当年年底国家体育总局等多部门联合制定《青少年体育活动促进计划》，国家体育总局和教育部印发《关于加强竞技体育后备人才培养工作的指导意见》，均提出了体教融合的有关措施。2020年10月，中共中央办公厅、国务院办公厅印发了《关于全面加强和改进新时代学校体育工作的意见》站在建设体育强国的高度，全面提出了"促进全体青少年健康发展"的新目标，坚持健康第一的教育理念，重构了学生、运动员文化学习和训练的制度体系，共同开展体育教学、训练、竞赛，促进竞赛体系深度融合，推动青少年文化学习和体育锻炼协调发展，帮助学生在体育锻炼中享受乐趣、增强体质、健全人格、锤炼意志，培养德智体美劳全面发展的社会主义建设者和接班人。

二、新时代体教融合的新内涵和新理念

传统体教结合只是将教育作为培养青少年体育后备人才的一种手段，与其相比，新时代体教融合拥有了新的理念和内涵。从目标来看，传统体教结合局限于青少年体育后备人才培养，而新时代体教融合的目标是要促进全体青少年健康发展；从对象来看，传统体教结合重点针对的是运动员群体，而新时代体教融合是面向儿童、青少年群体；从培养主体来看，传统体教结合主要是依靠教育部门和体育部门的双重主体，而新时代体教融合定位于整个学校体育，坚持教育的主

体地位，但不排斥竞技体育人才作为教育子系统多元协同和多元治理的发展现实，体现了教育方式的根本变革和"健康第一"的教育理念。

"健康第一、全面发展"是中央全面深化改革委员会传递的强烈信号。树立"健康第一"的教育理念是我国教育和体育事业发展的核心价值追求，对新时代体教融合的实施具有重要的引领作用。由于受到"应试教育"的长期影响，学生的健康素养水平不高、体育参与不足、运动兴趣缺失等问题日趋严重，青少年健康问题也被学校和家庭忽视。只有将学生的健康作为目标融合、措施融合、资源融合的根本落脚点，才能为青少年在学校健康成长的手段和目标指明方向，这也是体教融合得以深化的重要根基。

青少年时期是奠定终身体育的关键时期，体育技能的习得与理解，智育能力的发展与训练，都应是校外教育的重要组成部分。通过体育锻炼、体育竞赛，培养奋斗精神、增强综合素质，帮助青少年增强体质、健全人格、锤炼意志。

三、对北京市少年宫参与新时代体教融合新模式的思考与实施

全国共有各级各类学校53万所，各级各类学历教育在校生约3亿，在深化体教融合过程中仅靠行政力量、教育力量、体育力量很难满足实际需求，需要广泛动员社会组织来提供服务，此外还需鼓励和引导具有枢纽功能、转移职能和聚集能力的全国性和地方性青少年体育行业协会。

在深化体教融合过程中，为了达成预定目标，确保"一校一品"或"一校多品"，让学生掌握1—2项专门的运动技能，必须拥有足够数量的高水平体育师资。而在目前情况下，高水平体育师资的缺口较大，且难以实现青少年运动项目选择多样化，更难以在不同学校之间流动交换。北京市少年宫作为面向青少年提供重要的校外教育阵地，能够通过充分发挥自身拥有的师资优势，以及积极引导整合社会资源，加强与青少年体育俱乐部、体育行业协会等社会组织的合作，打造多种项目的高水平体育师资共享平台。2021年，北京市少年宫与北京市篮球运动协会签署战略合作协议，双方将围绕建设北京少年篮球队、搭建篮球青训基地、组织篮球公益性活动等方面展开合作。北京市少年宫开办篮球训练课程暨北京少年篮球队（预备班），邀请北京少年篮球队男篮主教练、前国手焦健老师，北京少年篮球队女篮主教练、前国手张晓妮老师等高水平体育教师进行授课，面向全市共招收4个班64名学员。本篮球课程打破兴趣小组常规教学，安排一周两训课程，积极参与比赛，近些年取得了一系列的优异成绩，2021年5月份第一次以北京市少年宫名义组建北京市少年宫篮球队并完成市级赛事活动；11月27—28日，北京市少年宫组队参与了北京市小学生篮球比赛，男女两队共选拔12名学员参加，男队最终获北京市第五名。在2023年组建北京市少年宫U10、U12男女篮球队，每队16人，这次的组队在成绩上有所突破，4月份，北京市少年宫U10男子篮球队6战全胜的战绩夺得K8中国篮协技、战术服务平台睿联赛示范赛事——北京分站冠军；5—7月，参加了中国篮协小篮球在东城、丰台赛区的预赛，其中U10男队获东城赛区第七名，U10男女混合组获赛区第三名；7月份，还组队去四川省成都市参加了"京川杯"邀请赛，U10篮球队获得第三名、U12篮球队获第四名，与成都俱乐部、体校打友谊赛、交流赛，共获15胜、6负的战绩；8月份，参加了2023年"京津冀"青少年篮球俱乐部邀请赛，U10篮球队获得第三名，首届"京津冀小篮球俱乐部交流赛"获得U10组冠军；10月份，女篮U12组队参加2023年北京市青少年篮球俱乐部联赛（通州赛区）获亚军。由此可见，经过一年的深化体教融合探索，北京市少年宫在篮球课程建设方面初见成效。

四、对北京市少年宫参与新时代体教融合新模式的探索

新时代北京市少年宫体教融合新模式的探索，是一个多维度、全方位的教学实践，涉及体智融合课程的教学设计、教学方法、师资选派、教学评价体系等多个方面，强调跨学科融合，发挥学生的主体性和参与性，建设一支具备跨学科知识和技能的师资队伍，构建综合考虑学生体能、技能、学业表现、认知能力、情感态度和心理健康等多个方面的评价内容，充分整合学校和社会资源，为学生提供更加全面、丰富和多样化的学习体验，促进青少年的身心健康全面发展。在深化体教融合背景下，对于确切落实"共下一盘棋，体教一家人"的方针政策，实现体育系统与教育系统协调发力、共促发展、合作共赢，推动建设北京市少年篮球队、北京市少年棋牌队，参与重大赛事；在基地校开展篮球和棋类体教融合课程，搭建后备人才梯队平台；在基地校组织公益性体教融合赛事或活动；以篮球和棋类为抓手，推动青少年体育与智育发展，着重对认知能力、身体素质、社会化合作等能力进行评价，深入探索创新体教融合课程建设，持续健康

发展及优化青少年篮球与棋类后备人才培养路径,立足全市"体教融合"实践状况及存在的问题,提出有针对性的优化政策与措施。依据深化体教融合的文件精神,北京市少年宫创新体教融合模式,联合北京市篮协、北京棋院,探索设计了体智融合课程。

(一)体智融合课程(象棋、篮球)探索目标

体智融合课程(象棋、篮球)是由象棋和篮球两门课程组合的兴趣普及类课程。课程背景是根据《关于深化体教融合 促进青少年健康发展的意见》文件精神,依托《新时代体教融合创新模式探索研究——基于北京市少年宫体育项目建设思考》课题,与北京市篮球运动协会青少年联合会、北京市棋牌运动协会一并打造并组建教师团队授课。

课程目的是落实"健康第一"的指导思想,发挥棋类、篮球运动项目的育人价值和功能,一静一动、动静结合,促进项目功能互补,开发体力和智力能力,提高认知能力、身体素质、社会化合作等能力,锻炼思维能力,提高身体体能,培养善于思考、顽强拼搏的意志品质,最终为棋类和篮球选拔后备人才,促进青少年体智身心的全面发展。

课程学制1年,每半年进行课程评价,每学期16次课。招生对象为7—12岁的学生,分为2—3年级、3—4年级、4—5年级三个层次,每个层次2个班级,共招生6个班。课程内容分为两部分,第一部分内容,通过象棋棋艺学习,使学生能够熟练掌握象棋的基本走法,了解子力间的分工配合,应用多个棋子进行攻击,熟练地掌握复

杂局面的两步杀，1年达到象棋13级棋士水平；第二部分内容，通过学习运球、投篮等篮球基本技术，学生能够掌握运球技术，提高运球基本功，熟练完成原地投篮技术，发展速度、上下肢力量、身体协调性等体能，1年达标篮球绕杆运球及投篮测试。

（二）体智融合课程（象棋篮球）探索实施

1. 研究对象

本文的研究以小学阶段篮球、象棋体教融合课程作为体教融合育人实施课程，以北京市少年宫、和平里一小、大兴八小、大兴九小等基地校3000名学生为研究对象，研究实施者为篮协、棋院指派教练、学校管理者以及篮协、棋院、北京市少年宫相关部门负责人与领导。

2. 研究方法

采用文献资料法、问卷调查法、实地考察法、实验法、数量统计法。其中认知能力测试采用瑞文智力测试、N-back九宫格任务、Corsi积木测试；运动能力测试采用篮球技能测试，主要包括原地运球、行进间运球、原地投篮；体能测试主要包括身高、体重、速度、弹跳、爆发力；棋力水平测试主要采用棋力等级水平问卷。在第1周、第8周、第16周分别进行测试，进行前后测试对比分析成绩变化。

3. 实施计划

本课程为一年课程，半年进行一次测试和调整。由于疫情原因，只完成了课程前测，后续将根据课程安排进行2测、3测，对实验结果进行分析并反馈给学生，后续根据学生水平进行分班、分组，确保同等水平的学生一起训练和上课,一年后进行测试分班并向棋类、篮球课程推送优秀后备学生。

五、结语

体教融合是我国体育和教育转型发展中重要的理念变革和战略任务,通过对体教融合历史进程的梳理,有利于理解新时代体教融合的新内涵和新理念。北京市少年宫作为面向儿童、青少年提供公益性教育服务的重要机构,应该在新时代积极探索和推动体教融合的新模式,加快探索创新课程体智融合项目(象棋、篮球),积极研究课程内容和评价标准,发挥北京市少年宫市级引领示范作用,建立基地校逐步推广,以优异的实践成果推动体育与教育事业的持续健康发展。

参考文献

[1]马晓,梁坤,胡小清等.体智融合课程:基本原理、域外经验与本土启示[J].上海体育学院学报,2022,46(05):56-67.DOI:10.16099/j.sus.2021.05.04.0001.

[2]谭杨林.如何在中学音乐教学中开展音乐审美教育[J].名家名2018(7):1.DOI:CNKI:SUN:MJMZ.0.2018-07-023.

[3]周雪梅,刘金宝.健康中国背景下高校运动康复专业建设的实施路径[J].文体用品与科技,2023,(15):166-168.

[4]李梦圆.北京四中体教融合促进学生文化学习与体育锻炼协调发展路径的研究[D].首都体育学院,2021.DOI:10.27340/d.cnki.gstxy.2021.000095.

[5]曲鲁平,孙伟,杨凤英等.体教融合视域下体育传统特色学校协同联动组织机制的构建[J].武汉体育学院学报,2021,55(10):63-69+85.DOI:10.15930/j.cnki.wtxb.2021.10.009.

[6]朱丽红,刘唱.体教融合背景下体能训练促进青少年体质健康的路径研究[C].中国体育科学学会体能训练分会.第二届中国青少年体能高峰论坛墙报交流论文集.东北石油大学体育部,2022:2.

DOI:10.26914/c.cnkihy.2022.032452.

[7]武文龙.体教融合背景下高等体育院校的现实困境与发展策略研究[J].浙江体育科学,2021,43(06):76-79.

[8]沈友青,夏力,尹开宁等.高校深化体教融合的探索与实践——以湖北第二师范学院为例[J].湖北第二师范学院学报,2021,38(05):79-85.

[9]刘沛.对北京市青少年体育俱乐部现状分析与发展模式的研究[J].首都体育学院学报.2009,(5).

[10]邓子民,王舜.我国体教融合政策协同度量化分析——基于1993－2022年出台的34份体教融合政策文本[J].成都师范学院学报,2023,39(02):51-57.

[11]王恒一.洛阳市中考体育考试对初中体育教学的影响研究[D].哈尔滨体育学院,2022.DOI:10.27771/d.cnki.ghebt.2022.000084.

[12]熊辉.湖北省独立学院篮球课程改革研究[D].长江大学,2015.

[13]国家体育总局、教育部.关于印发深化体教融合 促进青少年健康发展意见的通知[Z].2020.

[14]中华人民共和国教育部.义务教育课程方案(2022年版)[M].北京:北京师范大学出版社,2022.14.

[15]季浏.我国《义务教育体育与健康课程标准(2022年版)解读》[J].体育科学,2022,42(05):2-10.

[16]王国栋,方士庆,李燕贵.象棋入门[M].北京：金盾出版社,2007.

[17]张超,郭雅.篮球运动教程[M].西安：西北工业大学出版社,2013.

[18]杨国庆,刘宇佳.论新时代体教融合的内涵理念与实施路径[J].天津体育学院学报,2020,35(06):621-625.DOI:10.13297/j.cnki.issn1005-0000.2020.06.001.

[19]夏力,熊焰,高玉花等.体教共生:新时代体教深度融合的表现、机制与路径[J].哈尔滨体育学院学报,2022,40(06):71-78.

[20]刘海元,展恩燕.对贯彻落实《关于深化体教融合 促进青少年健康发展的意见》的思考[J].体育学刊,2020,27(06):1-11.DOI:10.16237/j.cnki.cn44-1404/g8.20201118.002.

[21]张元文.少儿篮球适宜教学体系的研究[D].苏州大学,2007.

[22]杨国庆.中国体教融合推进的现实困境与应对策略[J].成都体育学院学报,2021,47(01):1-6.DOI:10.15942/j.jcsu.2021.01.001.

[23]杨丽娜.西安市青少年校园足球"体教融合"实践状况及对策研究[J].陕西师范大学,2019.

[24]刘佳,陈明.从体教结合到体教融合——以体育教学为例[J].湖北开放职业学院学报,2021,34(02):138-139.

[25]刘波,王松,陈颇等.当前体教融合的研究动态与未来展望[J].北京体育大学学报,2021,44(01):10-17.DOI:10.19582/j.cnki.11-3785/g8.2021.01.002.

[26]潘前,朱俊荣.新形势下高校篮球教学改革的思路[J].福建体育科技,2003,(02):54-56.

[27]曹竟成.普通高校篮球教学改革探析与尝试[J].体育与科

学,2002,(05):73-75.

[28]孙锋.对我国青少年篮球培训事业现状的分析研究[J].科学咨询(决策管理),2006,(01):59-60.

[29]徐立武.体育院校篮球技术教学"游戏化"的实证研究[J].当代体育科技,2016,6(33):33-34.DOI:10.16655/j.cnki.2095-2813.2016.33.033.

[30]邓集钢,袁铁民.浅谈篮球教学中的审美教育[J].体育科技,2002,(04):53-54+61.DOI:10.14038/j.cnki.tykj.2002.04.015.

[31]杭兰平,郑莉莉,杭孝平.篮球教学中培养学生情商的研究与实践[J].武汉体育学院学报,2002,(06):77-78.DOI:10.15930/j.cnki.wtxb.2002.06.030.

[32]江明世,刘逢翔,张爱玲.篮球教学对高校健康教育的促进作用[J].山东师范大学学报(自然科学版),2003,(02):107-109.

[33]陈春水.浅议培养小学篮球队团队意识的策略——来自基层小学篮球教练员实践总结[J].现代阅读(教育版),2011(20):76-77. DOI:CNKI:11-5566/G2.20111025.1635.136.

[34]余利斌.寓素质教育于高校公体篮球教学之中[J].喀什师范学院学报,2004,(06):86-87.

[35]李军.提高篮球运球技术教学有效性的对策探析[J].当代体育科技,2013,3(20):2.DOI:CNKI:SUN:DYKJ.0.2013-20-021.

[36]周美娣,丁桂兴.浅谈象棋运动对提高学生总体素质的作用[J].科学大众,2009,(02):3.DOI:10.16728/j.cnki.kxdz.2009.02.106.

[37]李莉,周宛怡,姜劲晖."双减"政策下中小学休闲体育活动的开展——以棋类项目为例[J].科教导刊,2022(24):3.

[38]Sala D ,Fabio,Grabowski,et al.Accurate Kohn-Sham ionization potentials from scaled-opposite-spin second-order optimized effective potential methods[J].Journal of Computational Chemistry: Organic, Inorganic, Physical, Biological, 2016.

[39]邵语平,李宏.体教融合背景下学校体育多元化改革发展研究[J].武术研究,2023,8(10):131-133.DOI:10.13293/j.cnki.wskx.010287.

[40]杨菲.体教融合背景下排球青少年训练队改革实施方案研究——以北京体育大学为例[J].青少年体育,2021,(12):70-71.

[41]丁省伟,储志东.是何·为何·如何:体教融合研究综述与展望[J].上海体育学院学报,2022,46(7):14.